Sahra Wagenknecht
Couragiert gegen den Strom

PIPER

Zu diesem Buch

»Man kann sich einrichten, sich um seinen eigenen Wohlstand sorgen und sagen, der Rest der Menschheit kümmert mich einen Dreck, denn die Welt ist eben schlecht und jeder Versuch, sie zu verbessern, zum Scheitern verdammt. Es gibt ja heute den abwertenden Begriff des ›Gutmenschen‹. Jemand, der sich für Schwächere oder für eine bessere Gesellschaft einsetzt, wird als Gutmensch abqualifiziert, will heißen, wer so handelt, ist ein Trottel. Die Smarten, Klugen haben längst begriffen, worum es auf dieser Welt wirklich geht: sie kümmern sich um ihren eigenen Vorteil, und sorgen damit letztlich auch für das Wohl aller. Denn das allgemein Gute, so lehren uns die ›Wirtschaftsweisen‹, die Adam Smith nicht verstanden haben, resultiert daraus, dass alle Akteure nur an das denken, was für sie selbst das Beste ist. Für die Profiteure der heutigen Verhältnisse, für die ökonomisch Mächtigen, ist ein solches Wertegefüge natürlich ideal.«
Aus dem Inhalt

»Selbst wer kein Anhänger von ihr oder der Linkspartei ist, kann dieses Buch mit Gewinn lesen. Weil er bei Sahra Wagenknecht etwas bekommt, das gerade jetzt in der deutschen Politik nur selten zu finden ist: inhaltliche Substanz.«
NachDenkSeiten

Sahra Wagenknecht studierte Philosophie und Neuere Deutsche Literatur in Jena, Berlin und Groningen mit einer Abschlussarbeit über Hegel und Marx (1996). 2012 promovierte sie zum Dr. rer. pol. in Wirtschaftswissenschaften mit einer Arbeit zum Thema »The Limits of Choice. Saving Decisions and Basic Needs in Developed Countries«. Sie war Mitglied der Programmkommission der Partei Die Linke und von 2010 bis 2014 stellvertretende Parteivorsitzende. Von 2004 bis 2009 war sie Mitglied des Europaparlaments. Sie ist seit 2009 Mitglied des Bundestages und seit Oktober 2015 Vorsitzende der Fraktion Die Linke.

Sahra Wagenknecht

COURAGIERT GEGEN DEN STROM

Über Goethe, die Macht
und die Zukunft

Nachgefragt und aufgezeichnet
von Florian Rötzer

Mehr über unsere Autoren und Bücher:
www.piper.de

MIX
Papier aus verantwor-
tungsvollen Quellen
FSC® C083411

Ungekürzte Taschenbuchausgabe
ISBN 978-3-492-31334-6
März 2019
© Piper Verlag GmbH, München 2019
© Westend Verlag GmbH, Frankfurt/Main 2017
Umschlaggestaltung: zero-media.net, München nach einem Entwurf von Buchgut
Umschlagabbildung: Picture alliance
Satz: Publikations Atelier, Dreieich
Gesetzt aus der Adobe Garamond Pro
Druck und Bindung: CPI books GmbH, Leck
Printed in the EU

Inhalt

III. Politik: Was ich erreichen möchte

I. Anders Politik machen

Rötzer: In 2004 haben Sie Ihr erstes Mandat gewonnen. Später sagten Sie einmal in einem Interview über das Leben als Politikerin: »So, wie ich jetzt lebe, wollte ich nie leben.« Wie hätten Sie denn leben wollen?

Wagenknecht: Mein erstes Mandat hatte ich als Abgeordnete im Europaparlament. Da hatte ich noch Freiräume, auch mein eigenes Leben zu leben. Je mehr Funktionen man übernimmt – in meinem Fall, seit ich Fraktionsvorsitzende bin, denn darauf bezog sich die Aussage –, desto weniger Zeit hat man zum Lesen, zum Nachdenken, zum Entwickeln neuer Ideen oder zum Schreiben. Ich habe früher viel mehr Zeit gehabt für produktive geistige Arbeit, also dafür, Artikel oder auch meine Bücher zu schreiben, das hat damals ja mein Leben geprägt und bestimmt.

Besonders extrem ist der ständige Termindruck natürlich in Wahlkampfzeiten. Nach Wahlen muss ich mir hier immer wieder mehr Freiräume erkämpfen. Denn ein Leben, bei dem man von Termin zu Termin hetzt und irgendwann vor lauter Stress gar nicht mehr weiß, warum man das alles macht, so ein Leben wollte ich nie führen. Dann würde ich mich ja aufgeben. Das kann man mal für kurze Zeit machen, aber auf keinen Fall für lange.

Ich bin in die Politik gegangen, weil ich etwas verändern will. Aber wenn ich etwas verändern will, brauche ich immer wieder die Inspiration durch neue Ideen, und neue Ideen entdecke ich nur, wenn ich Zeit zum Lesen und Nachdenken habe. Früher waren natürlich die Proportionen ganz andere, da habe ich einen großen Teil meiner Lebenszeit damit verbracht zu lesen, über spannende Fragen nachzudenken, zu recherchieren, mir Notizen zu machen. Und dann zu schreiben, zu publizieren, mich an interessanten Debatten über ökonomische oder philosophische Themen mit eigenen Beiträgen zu beteiligen. Irgendwann möchte ich wieder so leben. Es gibt so viele offene Fragen. Wie genau kann eine Marktwirtschaft ohne Kapitalismus aussehen? Wie ist der Effekt der Digitalisierung auf Wachstum und Konjunktur, und vor allem: Wie kann man die Enteignung des Privatlebens durch große Datenkraken wie Google und Facebook verhindern? Wie sollte ein vernünftiges Geldsystem aufgebaut sein? Oder auch Goethes Kapitalismuskritik, vor allem in seinen späten Briefen und Gesprächen, in den *Wanderjahren* und im *Faust II*: Wie verblüffend aktuell das doch ist. Dazu möchte ich irgendwann ein Buch schreiben.

Soziale Gerechtigkeit

Rötzer: Gibt es denn für Sie zurzeit ein Thema, das die politische Debatte beherrscht? Lange Zeit dominierte die Flüchtlingskrise den politischen Diskurs. Oftmals hat man aber das Gefühl, dass politische Themen ebenso wie beispielsweise die kurz hochgeflammte Schulz-Euphorie verschwunden sind. Haben Sie bislang den Eindruck, dass ein ganz bestimmtes Thema das entscheidende Thema für die Politik der nächsten Jahre werden könnte?

Wagenknecht: Die Wohlhabenden und ihre politischen Repräsentanten wollen natürlich das Thema soziale Gerechtigkeit aus der politischen Debatte heraushalten. Die CDU/CSU sowieso, aber auch FDP und GRÜNE haben dazu wenig zu sagen, die SPD hat es im Wahlkampf versucht, aber nicht geliefert. Dass Problem der SPD war, dass sie ja hätte sagen müssen, was sie an ihrer eigenen Politik konkret verändern will. Sie kann nicht glaubwürdig über soziale Gerechtigkeit reden, ohne über ihr eigenes Versagen zu sprechen. Immerhin war die SPD in den zurückliegenden zwanzig Jahren, in denen die soziale Ungleichheit in Deutschland drastisch zugenommen hat, mit Ausnahme einer Wahlperiode immer an der Regierung beteiligt, darunter zwei Wahlperioden als Kanzlerpartei mit den Grünen gemeinsam.

Wenn ich aber nun mit Bürgern spreche oder wenn ich sehe, was in den Mails, die ich bekomme, dominiert, dann sind eindeutig soziale Gerechtigkeit und soziale Sicherheit die Themen, die die Leute am meisten bewegen – nicht als große Überschrift, sondern konkret. Es geht um niedrige Löhne und Renten, mir schreiben Menschen, die trotz guter Ausbildung immer wieder nur Zeitarbeits- oder Leiharbeitsverträge angeboten bekommen und die sich von der ganzen Fachkräftemangel-Debatte verhöhnt fühlen. Andere haben Angst vor dem sozialen Abstieg oder wissen nicht, wovon sie im Alter leben sollen. Ich bekomme immer wieder erschütternde Schicksale geschildert, wo Leute etwa durch Krankheit aus der Bahn geworfen wurden und nie wieder in ein Leben in Wohlstand zurückgefunden haben. Das betrifft auch viele, denen es einmal wirklich gut ging, die gut verdient haben und die sich dann mit mageren Erwerbsminderungsrenten auf Hartz-IV-Niveau wiederfinden. Auch die Angst vor Zuwanderung wird vielfach als soziales Problem diskutiert: als Angst vor hohen Sozialkosten, für die dann der normale Steuerzahler aufkommen muss oder die Kürzungen an anderer Stelle zur Folge haben, oder als Angst vor Billiglohnkonkurrenz. Das sind die Themen, die viele umtreiben, sie betreffen sie viel stärker und unmittelbarer als so manches, was die Politik gern diskutiert.

Die CDU versucht hingegen, das Thema innere Sicherheit in den Mittelpunkt zu stellen, also die Angst vor Terrorismus und Kriminalität für sich zu instrumentalisieren. Das ist eigentlich dreist, denn die Union war wesentlich daran beteiligt, in Deutschland Tausende Polizeistellen abzubauen. Sie hat zugelassen, dass die technische Ausstattung der Sicherheitsbehörden teilweise unterirdisch ist. Jetzt den Sheriff zu mimen ist angesichts dieser Versäumnisse ziemlich unehrlich.

Darüber hinaus haben die Probleme bei der inneren Sicherheit auch viel damit zu tun, dass die soziale Kluft immer größer wird, dass Perspektivlosigkeit und soziale Ungleichheit zunehmen. Das kann man überall beobachten. In Ländern, in denen eine große soziale Ungleichheit herrscht, gibt es in der Regel auch mehr Kriminalität als in Ländern, in denen die Verteilung ausgewogener ist. Die USA etwa, als ein Land mit besonders großen sozialen Unterschieden, hat schon immer auch eine besonders hohe Kriminalität. Es gibt wenige Industrieländer, in denen ein so großer Teil der Bevölkerung im Gefängnis sitzt wie in den Vereinigten Staaten. Wer einen Raubtierkapitalismus nach angelsächsischem Vorbild anstrebt, muss wissen, dass er dann auch mehr Einbrüche, mehr Überfälle und mehr Gewaltdelikte bekommt, und dass das Leben der Menschen nicht nur sozial, sondern generell immer weniger sicher ist.

IS-Terror

Rötzer: Wenn man in Deutschland soziale Gerechtigkeit als Sicherung eines bestimmten Lebensstandards diskutiert, ist man derzeit mit den Selbstmord-Terroristen islamistischer Provenienz konfrontiert, die sagen, dass ihnen das ziemlich egal sei, die sich in die Luft sprengen, um ihre Ideologie zu verwirklichen, und die vielleicht das schöne und sichere Leben nicht hier, sondern im Jenseits suchen. Wir, denen es bessergeht und die wir individuell und politisch auf Selbsterhaltung und Stabilität aus sind, stehen einer wachsenden Zahl junger Menschen gegenüber, die eben keinen Wert auf dieses gute, bürgerliche Leben legen, sondern in ihrem Nihilismus alles kaputt machen wollen. Diese existentiell herausfordernde Haltung mit ihrer tödlichen Praxis muss doch eigentlich auch in die Stimmung der Menschen hierzulande mit einwirken.

Wagenknecht: Selbstverständlich macht es vielen Angst, dass sie jetzt auch noch die Sorge haben müssen, womöglich einem Anschlag zum Opfer zu fallen. Der erstarkende islamistische Terrorismus hat verschiedene Ursachen, aber auch er hat durchaus etwas mit der Verteilung von Perspektiven und Lebenschancen zu tun. Wir erinnern uns: Die Anschläge von Paris wurden zum überwiegenden Teil von Menschen mit französischer Staatsbürgerschaft verübt, also in Frankreich geborenen Kindern von Einwanderern, teilweise in zweiter oder dritter Generation.

Es gibt in unserer Gesellschaft immer mehr Menschen, die schon als Kind die Erfahrung machen, dass diese Welt für sie viel weniger Chancen bereithält als für andere, dass sie von dem schönen bunten Leben ihrer Altersgenossen, von Urlaub, Reisen, schöner Kleidung, begehrtem Spielzeug weitgehend ausgeschlossen sind. Wer als Kind einer Familie aufwächst, die von Hartz-IV leben muss, hat eine ganz andere Kindheit und Jugend als Kinder wohlhabender Familien. Das betrifft natürlich genauso Kinder deutscher Eltern, aber der Anteil von Einwandererfamilien, die in Armut leben, ist noch deutlich höher und deshalb auch die Zahl von Einwandererkindern, die früh schon Ausgrenzung und Perspektivlosigkeit erleben. Dazu kommt bei ihnen oft noch handfeste Diskriminierung, etwa wenn türkische oder arabische Namen bei Bewerbungen als Erstes aussortiert werden. Der radikalisierte Islam bietet einem Teil dieser jungen Menschen dann eine Art Ersatzidentität, die sich ausdrücklich gegen die deutsche Gesellschaft und die westliche Lebensweise richtet.

Begünstigt wird die Entstehung solcher Parallelwelten natürlich auch durch die Ghettoisierung von Wohngebieten, für die vor allem die Mietentwicklung und der Rückzug der öffentlichen Hand aus dem Wohnungsmarkt sorgen: Während die Wohlhabenden oder auch die Mittelschicht in ihren Bezirken zunehmend unter sich bleiben, werden Ärmere in die Problemviertel mit hoher Arbeitslosigkeit, schlechter Infrastruktur und schlecht ausgestatteten Schulen abgedrängt. Besonders drastisch kann man das in Paris sehen. In den Banlieues haben wir mehr oder weniger rechtsfreie Räume, in denen Gewalt und Kriminalität an der Tagesordnung sind. Die Menschen, die dort leben, haben mit denen, die in den schönen, wohlhabenden Vierteln zu Hause sind, nahezu nichts mehr zu tun. Wenn man bei einer Bewerbung eine Adresse aus den Banlieues angibt, hat man schon allein deshalb kaum eine Chance, den Job zu bekommen.

In Deutschland ist das noch nicht ganz so krass, aber es gibt auch hier einen Trend, der sich in diese Richtung entwickelt. Beispielsweise habe ich kürzlich eine Gesamtschule im Essener Norden besucht, in der 70 Prozent der Kinder einen Migrationshintergrund haben. Ein Großteil der Kinder spricht kein ausreichendes Deutsch, und wir reden hier über eine Schule, die in der 5. Klasse beginnt. Viele kommen aus schwierigen sozialen Verhältnissen, nicht wenige haben früh Gewalterfahrungen gemacht. Eine Schule in einem solchen Bezirk, die auch nur ansatzweise mit den Problemen klarkommen und den Kindern trotz allem eine Perspektive ermöglichen will, müsste erstklassig ausgestattet sein. Sie braucht weit mehr Personal, vor allem mehr Sozialpädagogen und Förderlehrer, als Schulen in besseren Wohngebieten. Aber während die Probleme sich verschärft haben, wurde an dieser Schule weiter Personal abgebaut. Und schon der katastrophale bauliche Zustand des Schulgebäudes muss den Kindern, die dort hingehen, jeden Tag vor Augen führen, wie wenig sie unserer Gesellschaft wert sind. Die Lehrer an dieser Schule tun ihr Bestes, aber wenn eine Lehrkraft in einem solchen Umfeld mit 25 Kindern alleingelassen wird, dann kann man sich ausrechnen, dass hier Integration schon im Kindesalter scheitert und Lebenschancen zerstört werden. Eine Lehrerin, die das täglich erlebt, sagte zu mir, sie wundere sich, dass wir in Deutschland in Vierteln wie ihrem noch nicht solche Konflikte haben wie in Frankreich.

Hinzu kommt, dass der deutsche Staat dem Treiben islamistischer Hassprediger an den Moscheen bisher mit unverantwortlicher Gleichgültigkeit zuschaut. Schlimmer noch, radikale islamistische Organisationen, die sich vom Religionsunterricht bis zur Hausaufgabenbetreuung um elementare Aufgaben kümmern, die ihnen früh Einfluss auf die Kinder muslimischer Eltern sichern, werden teilweise sogar finanziell unterstützt. Damit gewinnt der radikalisierte politische Islam immer größeren Einfluss, gerade bei den Kindern und Enkeln früherer Zuwanderer, die teilweise weniger integriert sind und auch weniger integriert sein wollen als ihre Eltern und Großeltern. Das ist eine gefährliche Entwicklung.

Wenn wir über Terror reden, dann müssen wir natürlich auch über Kriege und Drohnenmorde reden. Dieser Zusammenhang wird nur selten thematisiert, aber bei näherem Hinsehen ist es offenkundig, dass der islamistische Terror ein Produkt der Öl- und Gaskriege der USA und ihrer Verbündeten im Nahen und Mittleren Osten ist. Als der erste sogenannte ›Krieg gegen Terror‹ begann, 2001 in Afghanistan, gab es wenige hundert international gefährliche Terroristen. Heute, nach 16 Jahren ›Anti-Terror- Krieg‹, sind es hunderttausende. Ohne den Irak-Krieg gäbe es den Islamischen Staat, der die Hauptverantwortung für die Anschläge der letzten Jahre trägt, überhaupt nicht. Manchmal sind die Taten auch eine Reaktion auf Bombardierungen, bei denen Angehörige oder Freunde ums Leben gekommen sind. Dies liegt beispielsweise bei der Axtattacke in einem Zug bei Würzburg im Sommer 2016 nahe, da die Tat unmittelbar erfolgte, nachdem der Attentäter vom Tod seines Freundes in Afghanistan erfahren hatte. Selbstverständlich ist das weder eine Rechtfertigung noch eine Entschuldigung dafür, aus Rache unschuldige Menschen in Europa zu töten. Aber es zeigt, dass, solange wir uns an Kriegen beteiligen, die vor Ort vor allem die Zivilbevölkerung treffen, wir die Terroristen stärken und nicht schwächen. Denn dadurch sorgen wir dafür, dass sich immer mehr Menschen aus Hass und Verzweiflung den Dschihadisten anschließen. Vor allem die Teilnahme an dem völkerrechtswidrigen Krieg in Syrien hat auch Deutschland zur Zielscheibe islamistischer Mörderbanden gemacht.

Wer die Terroristen wirklich schwächen will, muss aufhören, immer mehr Länder durch Kriege zu destabilisieren, wie das in Afghanistan, im Irak, in Libyen und Syrien geschehen ist. Er muss die Finanzströme terroristischer Organisationen kappen und verhindern, dass sie weiterhin an Waffen kommen. Es sind doch vielfach unsere eigenen Verbündeten wie Saudi-Arabien und die Türkei, die den islamistischen Terror finanzieren und hochrüsten. Teilweise haben das in der Vergangenheit sogar die USA und Großbritannien direkt gemacht. Der vermeintliche ›Krieg gegen den Terror‹ ist wirklich eine unglaubliche Heuchelei.

Rötzer: Meine Frage zielte eigentlich auf die Herausforderung durch diesen Nihilismus für unsere Lebensweise. Wir leben hier in einer relativ friedlichen Welt: Die soziale Ungerechtigkeit, die Sie als so zentral herausgegriffen haben, ist für uns zwar ein Thema, aber es ist doch erstaunlich, dass es in unserer Gesellschaft viele junge Leute gibt, die nicht in dem Sinne revoltieren, dass sie sagen: Wir wollen gute Jobs, mehr Geld oder ein besseres Leben. Sie sagen vielmehr, dass sie das alles überhaupt nicht interessiert, und ziehen stattdessen in den Krieg. Für den Islamischen Staat begehen jeden Tag Dutzende von meist jungen Männern Selbstmordattentate – sie verheizen die jungen Menschen einen nach dem anderen. Wie kommt es zu solch einer Praxis eines modernen Nihilismus? Den kann man, glaube ich, nicht alleine durch den Islam oder durch die zweite oder dritte Generation von hiesigen Einwanderern erklären.

Wagenknecht: Aber Selbstmordattentate durch Europäer sind alles in allem doch relativ selten. Die Anschläge, die es fast täglich im Irak, in Afghanistan und in Syrien gibt, werden hauptsächlich von Menschen aus der Region verübt. Es gibt zum Glück nur wenige, die es von Deutschland aus in den Dschihad nach Syrien zieht. Wenn man sich allerdings die wichtigsten Herkunftsländer der Terroristen ansieht, stellt man schnell fest, dass dort alles zerstört ist. Der Irak war mal ein modernes Land mit einem relativ guten Bildungssystem und einer guten Gesundheitsversorgung im Vergleich zu den Nachbarländern, heute ist es ein vollständig zerrütteter Staat, der nicht zur Ruhe kommt. Welche Perspektive haben die Menschen dort? Und das Gleiche in Syrien. Das war mal in der Region eine Art Vorbildstaat. Natürlich auch eine Diktatur wie der Irak, aber es war ein säkularer Staat, keine islamistische Diktatur, und es gab einen gewissen Wohlstand, eine Mittelschicht, Aufstiegschancen. Heute ist Syrien zerstört vom jahrelangen Bürgerkrieg, die Städte sind kaputt und nichts funktioniert mehr. Wer dann auch noch seine Frau oder sein Kind etwa wie im Irak durch die Bomben auf Mossul verloren hat, der sagt sich vielleicht: Ich habe nichts mehr zu verlieren, ich schließe mich den Terroristen an und räche mein zerstörtes Leben.

Rötzer: Wenn man die Medienproduktionen des Islamischen Staats und anderer islamistischer Gruppen sieht, so ist deren Ästhetik westlich. Die Videos sind oder waren relativ aufwendig gemacht und zelebrieren Zerstörungswut ähnlich wie Kinofilme, in denen ein Ding nach dem anderen explodiert und zerstört wird. Man kann den Eindruck gewinnen, dass die jungen Männer auch das durch die Kulturindustrie verherrlichte Abenteuer suchen. Sie haben sicher recht, dass die Staaten dort alle zerstört sind, aber die Leute, die von hier aus Europa kommen, suchen die nicht auch dieses Abenteuer, finden es vielleicht faszinierend, mit dem Gewehr herumzulaufen, um sich zu ballern und Macht über Leben und Tod auszuüben? Ist das nicht auch ein Hintergrund, der von unserer Kultur genährt wird, durch Filme oder manche Computerspiele, die diese Gewalt und Zerstörungswut zelebrieren?

Wagenknecht: Dass wir mit alldem sehr früh eine Gleichgültigkeit gegenüber Gewalt erzeugen, sehe ich auch so. Es gibt eine Untersuchung darüber, wie viele Morde ein Zehnjähriger durchschnittlich schon gesehen hat, wenn er einfach nur mit den Eltern fernsieht; es sind erschreckend viele. Aber das erklärt doch nicht das spezifische Phänomen des islamistischen Terrorismus. Bei den wenigen, die aus gutbürgerlichen Verhältnissen in Deutschland und Europa oder bei denen, die aus vergleichsweise stabilen Ländern wie Tunesien kommen und sagen, wir gehen nach Syrien oder Libyen, wir wollen dort kämpfen, bei denen mag das so sein, aber das ist nur ein winziger Bruchteil derer, die in solchen Terrorgruppen kämpfen und dort organisiert sind.

Rüstungsexporte und Krieg

Rötzer: Die CDU setzt auf Sicherheit, sagten Sie vorher. Damit werden aber nicht die Ursachen von Kriminalität, Terrorismus oder Bürgerkrieg bekämpft, sondern bestenfalls nur Gefahren abgewehrt. Würde eine wirkliche Sicherheitspolitik nicht bedeuten, Frieden zu schaffen?

Wagenknecht: In jedem Fall. Die CDU beispielsweise will nicht über Krieg oder Frieden reden, denn da müsste sie ja über die Kriegseinsätze der Bundeswehr oder darüber reden, wie sinnvoll es ist, Waffen in Kriegs- und Krisengebiete zu liefern und mit Mord und Tod auch noch Profite zu machen. Dieses Thema will die Union lieber aus der öffentlichen Diskussion heraushalten. Die Anerkennung des Zusammenhangs zwischen Krieg und Terrorismus, also zwischen Bombenterror im Nahen und Mittleren Osten, und Sicherheit in unserem Land würde ja dazu zwingen, die eigene Politik zu korrigieren. Das gilt natürlich auch für SPD, Grüne und FDP.

Auch ein Großteil der weltweiten Flüchtlingsströme ist das Ergebnis von Kriegen. Im Jemen geschieht gerade eine furchtbare Katastrophe. Millionen Menschen hungern, die Cholera geht um. Auch für dieses grauenvolle Elend ist unmittelbar ein Krieg verantwortlich, in diesem Fall wurde er maßgeblich von Saudi-Arabien vom Zaun gebrochen. Wenn Frau Merkel ihr ständiges Reden über die »Bekämpfung von Fluchtursachen« auch nur ein bisschen ernst nehmen würde, müsste sie sofort alle Rüstungsexporte in die Golfregion und jede militärische Kooperation mit der saudischen Kopf-ab-Diktatur unterbinden. Aber nichts dergleichen passiert, im Gegenteil: Sie reist mit großer Wirtschaftsdelegation in den Wüstenstaat und bietet sogar eine noch engere militärische Kooperation an. Das Geld der Saudis ist offenbar zu verführerisch. Vermutlich kein Zufall: Nicht wenige große Firmen, die von solchen Deals profitieren, spenden fleißig an die CDU.

Rötzer: Jeremy Corbyn hat im britischen Wahlkampf nach dem Anschlag in Manchester diesen Zusammenhang zwischen der britischen Militärpolitik und der inneren Sicherheit hergestellt. Und natürlich wurde dann direkt versucht, ihn zu stigmatisieren und das Thema zu tabuisieren. Normalerweise wird gesagt, man wolle mit Militärinterventionen Frieden schaffen, eine Regierung stützen und für Stabilität sorgen, man habe Verantwortung. Welche Interessen stehen für Sie hinter diesen militärischen Lösungen von Konflikten? Der russische Präsident Putin zum Beispiel sagt immer wieder ganz deutlich, ein Krieg wie in Syrien biete die Möglichkeit, die Waffen auszuprobieren und vorzuführen, weil Russland auf dem Waffenmarkt erfolgreich sein will. Das ist bei den USA sicher ganz ähnlich. Wie ist das in Deutschland, einem der weltweit größten Waffenproduzenten? Gibt es hier vielleicht auch ein Interesse an Kriegen als eine Art der Wirtschaftsförderung, zumindest für die Rüstungsindustrie?

Wagenknecht: Klar, Deutschland gehört zu den großen Waffenexporteuren dieser Welt, und unsere Rüstungsunternehmen verdienen glänzend an den globalen Kriegen, zumal die Exportgenehmigungen immer lascher gehandhabt werden. 2015 war mit großem Abstand das bisherige Rekordjahr für die Ausfuhren von Waffen und Kriegsgerät, und 2016 waren es nur geringfügig weniger. Natürlich beteiligen wir uns an Kriegen nicht nur deshalb, weil wir dadurch beim Geschäft mit den Waffen in einer besseren Ausgangsposition sind.

Die Absicht ist seit mindestens 20 Jahren, nicht nur ökonomisch eine dominante Rolle in Europa und der Welt zu spielen, sondern auch als militärische Größe wahrgenommen zu werden, was über Jahrzehnte der Nachkriegszeit ein Tabu war. Deutschland hatte keine Soldaten im Ausland, und das war für lange Zeit Konsens in der Politik. Jetzt hingegen will man ganz bewusst wieder dabei sein. Man muss sehen: Es geht auch immer darum, wer bei der Beuteverteilung danach zum Zuge kommt, also etwa bei den lukrativen Wiederaufbauverträgen.

Dass der deutsche Einsatz in Syrien militärisch kaum eine Relevanz hat, konnte man übrigens auch daran erkennen, dass die während des Umzugs von Incirlik nach Jordanien für mehrere Wochen ausgefallenen Tornados seltsamerweise überhaupt niemand vermisst hat. Abgesehen also davon, dass man den ganzen Krieg nicht braucht, werden die deutschen Soldaten auch im militärischen Sinne nicht benötigt. Es geht also weniger um Solidarität mit Frankreich oder den ›Kampf gegen Terror‹ oder was es sonst noch für wohlklingende Begründungen gibt, sondern eher darum, den eigenen Einfluss in dieser rohstoffreichen Schlüsselregion zu sichern. Es ist auch ein Krieg für die Waffenlobby, aber vor allem ein Krieg um Rohstoffe und Einflusssphären. Teilweise wird das ja offen ausgesprochen, dass die Sicherung der Rohstoffversorgung der deutschen Wirtschaft heute auch eine Aufgabe der Bundeswehr sein soll. Das widerspricht allerdings ganz klar dem Grundgesetz.

Rötzer: Der Irak-Krieg wurde von der damaligen US-Regierung politisch und wirtschaftlich als profitabel angepriesen. Die Kosten wären Peanuts, ein paar Milliarden, die nicht nur schnell über Wiederaufbaumaßnahmen und Öl wieder eingespielt würden, sondern die amerikanische Industrie und die der Koalitionspartner würden auch davon profitieren, hieß es vor dem Krieg. Daraus ist ja nichts geworden …

Wagenknecht: Amerikanische und britische Ölkonzerne haben sehr wohl profitiert. Auch Bauunternehmen oder Sicherheitsfirmen wie Blackwater sind mit Großaufträgen bedacht worden. Der amerikanische Staat hat dagegen am Ende draufgezahlt, das ist richtig.

Rötzer: Manche schätzen, dass die Kriege in Afghanistan und im Irak den Staat drei Billionen US-Dollar gekostet haben …

Wagenknecht: Ja, das ist ja die übliche Arbeitsteilung: Die öffentliche Hand, also letztlich der normale Steuerbürger, zahlt und die privaten Konzerne und ihre Aktionäre profitieren. Das funktioniert bei den Kriegen genauso wie bei Subventionen und Fördermitteln in der zivilen Wirtschaft.

Der politische Trott

Rötzer: Mit diesen beiden hauptsächlichen Themen im Nacken – sozialer Gerechtigkeit in der Innen- und dem vermeintlichen ›Kampf gegen den Terror‹ in der Außenpolitik – machen Sie Politik und prangern in beiden Bereichen die Kurzsichtigkeit der anderen Politiker an. Haben Sie den Eindruck, dass die Kollegen nicht mehr dazu kommen, den Blick nach außen zu richten, und die Muße dazu haben, neue Ideen zu sammeln?

Wagenknecht: Das mag individuell unterschiedlich sein. Aber selbst wenn der Blick nach außen gerichtet wird, ist ja die Frage, in wessen Interesse man das tut. Wenn Frau Merkel durch Afrika reist und die Länder unter Druck setzt, ihre Zölle noch weiter zu senken und damit lokale Anbieter noch ungeschützter der Konkurrenz durch unsere subventionierten Agrarexporte auszusetzen, obwohl sie wissen muss, dass das für die örtliche Wirtschaft den sicheren Ruin bedeutet, ist das ganz sicher keine Politik im Interesse der armen Länder. So entstehen vor Ort keine Perspektiven, sondern sie werden zerstört.

Es gibt wohl generell zwei Typen von Politikern: Es gibt einerseits die, die aus Überzeugung Politik machen. Sie sind in die Politik gegangen, weil sie etwas erreichen wollen. Das kann sehr Unterschiedliches sein, und natürlich muss man ihre Ziele nicht für richtig halten. Aber mit diesen Politikern bin ich immer besser klargekommen, weil man bei ihnen weiß, woran man ist. Sie sind auch in der Regel eher bereit, sich zu korrigieren, wenn eine bestimmte Politik immer wieder zu Fehlschlägen führt.

Es gibt aber andererseits leider immer häufiger den Typus, der irgendwie in die Politik gespült wird. Er landet dann mehr oder weniger zufällig in einer bestimmten Partei, deren Ansichten er dann zwangsläufig vertritt. Und wenn die Partei ihre Ansichten ändert, ändert er sie mit. Politik ist für ihn ein Job, der eine relativ gute soziale Absicherung bietet, das wichtigste Ziel ist daher, sich persönlich die nächste Wiederwahl zu sichern, vielleicht auch an der eigenen Karriere zu arbeiten, aber das war's dann. Für diese Politiker gibt es kein Anliegen, für das sie brennen, sie sind außerordentlich flexibel und machen jede Wendung des Zeitgeistes mit. Oder sie halten eben auch an einer erkennbar fatalen Politik fest, solange es opportun erscheint oder von einflussreichen Interessengruppen gewollt und honoriert wird.

Die übelste Ausprägung dieses Typus ist der käufliche Politiker, der bestimmte Entscheidungen durchboxt, weil er sich damit nach seinem Ausscheiden aus der aktiven Politik eine lukrative Karriere in den profitierenden Unternehmen sichert. Da winkt dann endlich das richtig große Geld. Diese Korruption nach dem Motto »bezahlt wird später« nimmt zu. Es ist eben immer die Frage, ob man – politisch – wirklich etwas erreichen will. Dann muss man natürlich auch daran arbeiten, dass man seine inhaltliche Substanz nicht verliert. Will man nur irgendwie mitspielen oder funktionieren, ist das anders. Wem das reicht, der kommt natürlich auch mit dem üblichen Hamsterrad der Termine ganz gut klar.

Rötzer: Hat man aber wirkliche Präsenz nicht nur dann, wenn man Spitzenpolitiker und kein Hinterbänkler ist?

Wagenknecht: Es gibt in allen Parteien Politiker, die sich für ganz konkrete Dinge in ihrem Wahlkreis oder der Region, für die sie Verantwortung tragen, einsetzen. Sie machen dort ihre Arbeit und haben da auch tatsächliche Anliegen. Sämtliche Politiker als korrupte Idioten abzuqualifizieren ist eine bösartige Verfälschung. Und sie bedient bestimmte Interessen: Politiker sind nun mal diejenigen, die die öffentliche Hand vertreten. Wer sie allesamt für unfähig erklärt, ist schnell bei der Position »privat vor Staat«, also Privatisierungen öffentlicher Dienste, weil die Privatwirtschaft angeblich fähiger, effizienter, besser ist. Und natürlich: Wenn Politiker generell nichts taugen, taugt auch die parlamentarische Demokratie nichts und ist zum Abschuss freigegeben.

Wir brauchen zwar dringend mehr direkte Demokratie, mehr Entscheidungen direkt von der Bevölkerung, aber wer das Parlament gleich ganz als nutzlose Schwatzbude abwertet, führt wohl kaum Gutes im Schilde. Zur Wahrheit gehört allerdings auch: Es sind die viel zu vielen rückgratlosen und teilweise korrupten Politiker, die die Hauptverantwortung dafür tragen, dass die repräsentative Demokratie so in Misskredit gekommen ist und Demokratieverachtung Zulauf hat.

II. Biographie:
Eine Philosophin in der Politik

Rötzer: Sie sind ja insofern eine Ausnahmepolitikerin, als Sie von der Philosophie in die Politik kamen. Gibt es noch einen anderen Philosophen oder eine Philosophin im Bundestag? Wahrscheinlich nicht, oder?

Wagenknecht: Es gibt sicher einige, die Philosophie studiert haben. Leider gibt es nur wenige Politiker mit dem Anspruch, Bücher mit einer eigenständigen intellektuellen Qualität zu schreiben, obwohl das die öffentliche Debatte interessanter machen würde.

Rötzer: Wenn man das jetzt einfach mal nur beruflich sieht, ist es doch schon etwas Außergewöhnliches, dass eine Philosophin Spitzenpolitikerin einer Partei im Deutschen Bundestag ist. Was ist eigentlich der Grund dafür, dass so wenige von außen in die Politik hineinkommen? Politiker scheint ein Berufsstand für bestimmte Professionen zu sein, also vor allem von Juristen oder Beamten. Sind die Parteien zu wenig dafür offen, Quereinsteiger hineinzulassen? Das würde die Kreativität oder die kreative Unruhe ein bisschen befördern, scheint aber den Trott oder das Gefüge zu stören.

Wagenknecht: Die normale Politikerkarriere ist eine Ochsentour von unten nach oben. Das fängt damit an, dass man sich zunächst einmal im Orts- oder Kreisverband Rückhalt verschafft – entweder weil man besonders engagiert und besonders fähig ist oder weil man sich besonders darauf versteht, sich mit anderen zu verbünden, mit einflussreichen Leuten abends ein Bier zu trinken und die, die einen stützen sollen, zum Essen einzuladen. Damit fängt die Laufbahn meistens an, und das muss man oft ziemlich lange machen, ehe irgendwann der nächste Karriereschritt kommt. Später, oftmals viel später, winkt irgendwann vielleicht auch der Bundestag.

Rötzer: Mussten Sie das auch tun? Wie begann denn Ihre Laufbahn?

Wagenknecht: So etwas musste ich nie machen, ich hätte das auch nicht gekonnt. Ich hatte das Glück, dass die PDS 1990 eine Partei im Umbruch war. Sie hatte ihre alte Führung abgelöst, und es gab daher nicht nur eine Offenheit für, sondern auch einen Bedarf an frischen, jungen Gesichtern. Ich habe im Alter von 21 und noch völlig unbekannt auf einem Parteitag eine Rede gehalten, die offenbar die Delegierten überzeugt hat, und bin direkt in den Parteivorstand gewählt worden. Allerdings habe ich mich damals nicht um ein Parlamentsmandat bemüht, weil ich das nicht wollte. Ich wollte keine Berufspolitikerin werden, eben weil ich die Sorge hatte, dass ich dann kein selbstbestimmtes Leben mehr führen kann.

Ich habe nur einmal kandidiert, 1998 für ein Direktmandat in Dortmund. Es war allerdings klar, dass die PDS das natürlich nicht erhalten wird. Das habe ich gemacht, um mal auszutesten, ob mir Wahlkampf überhaupt liegt. Es war eine spannende Erfahrung, in jeder Hinsicht. Aber mehr auch nicht. Der erste ernsthafte Versuch, wirklich in ein Parlament zu kommen, war meine Kandidatur für das Europaparlament 2004. Ich hatte mich damals in einer Kampfkandidatur durchgesetzt. Aber auch da war unklar, ob es überhaupt für einen Einzug ins Europaparlament reichen würde, denn die PDS war ja 2002 bei der Bundestagswahl an der Fünfprozenthürde gescheitert. Damals war die Rechtslage noch so, dass man auch bei der Europawahl mindestens fünf Prozent braucht. Es war also offen.

Kindheit

Rötzer: Ich möchte eigentlich noch etwas weiter zurückgehen: Sie sagten, Sie hätten viel Zeit gehabt zu lesen, dass Ihnen das jetzt fehle und Sie versuchen würden, wieder solche Freiräume für sich zu schaffen. Sie sind auf dem Land aufgewachsen, bei Ihrer Großmutter. Gab es da in Ihrer unmittelbaren Umgebung Bücher?

Wagenknecht: Bei meinen Großeltern selbst nur wenige, aber in Jena gab es wie überall damals Kinderbibliotheken. Meine Großeltern mussten arbeiten, meine Oma war Verkäuferin, mein Opa Meister bei Carl Zeiss Jena, das heißt, ich war relativ viel alleine. Meine Großmutter war zwar die ersten drei Jahre überwiegend zu Hause, aber sie musste dann wieder arbeiten, weil meine Großeltern einfach das Geld brauchten. Dadurch hatte sie weniger Zeit, mir vorzulesen, und ich habe dann mit vier Jahren gelernt, selbst zu lesen.

Rötzer: Mit vier Jahren bereits lesen zu können ist ungewöhnlich. Hat Ihnen das jemand beigebracht?

Wagenknecht: Lesen kann man ohne Anleitung nicht lernen. Lesen und Schreiben hat mir vor allem meine Oma beigebracht. Bücher waren für mich das Tor zur Welt. In Büchern habe ich Dinge erfahren, die mein Leben reicher machten, die ich spannend fand. Ich war wissbegierig, wollte einfach immer etwas Neues erfahren. Natürlich habe ich als Kind auch im Sandkasten gespielt. Aber das war nicht aufregend. Deshalb habe ich meine Großeltern gedrängt, mir Lesen beizubringen. Ich bin von da an in die Bibliothek in Jena gegangen und habe mir Stapel von Büchern geholt. Bibliotheken waren für mich damals so etwas wie für andere Kinder die Süßwarenabteilung im Supermarkt: ein Ort, an dem es unheimlich viel Schönes zu entdecken gibt.

Rötzer: Welche Lektüre hat Sie denn als kleines Kind am meisten fasziniert?

Wagenknecht: Hauptsächlich Märchen.

Rötzer: So wie die Brüder Grimm?

Wagenknecht: Ja, Grimms Märchen, aber auch andere. Ich weiß noch, ich hatte auch persische Märchen und dann *Tausendundeine Nacht*. Und überhaupt alles, was es so an Kinderbüchern gab.

Rötzer: Radio oder Fernsehen sind ja auch Türen zur Welt. Gab es denn bei Ihren Großeltern einen Fernsehapparat?

Wagenknecht: Ja, klar, wir reden hier ja schließlich über die 70er-Jahre.

Rötzer: War das Fernsehen für Sie weniger interessant als Bücher?

Wagenknecht: Ich habe ab und an auch mal Verfilmungen von Märchen gesehen und andere Kindersendungen, aber eigentlich wenig. Fernzusehen hat mich irgendwie nicht so fasziniert. Beim Lesen konnte man sich so viel vorstellen und träumen. Beim Fernsehen wurden dagegen die Bilder gleich mitgeliefert. Tagsüber gab es damals, glaube ich, im Fernsehen auch noch nicht viel. Das war tatsächlich anders als heute, wo man sich den ganzen Tag vom Fernseher berieseln lassen kann. Ich habe abends das Sandmännchen geguckt, das weiß ich noch, aber ansonsten nur sehr wenig.

Rötzer: Zu meiner Zeit waren Comics wie *Fix und Foxi* oder *Micky Maus* sehr begehrt, die man mitunter auch Büchern vorzog. Diese stärker visuelle Populärkultur war für Sie nicht verlockend? Gab es die überhaupt?

Wagenknecht: Doch, das gab es auch. *Das MOSAIK* war so ein Comic, der für Kinder gemacht war. Das war gar nicht so schlecht. Ich hatte die ganzen alten Hefte noch von meiner Mutter aus den 60er-Jahren. Die waren wirklich lehrreich und haben auf sehr einfache Weise die Evolution oder die Weltgeschichte für Kinder verständlich illustriert. Sie hatten einen echten Unterhaltungs- und Bildungswert. Ich kann mich noch ganz gut erinnern, dass ich diese Hefte verschlungen habe, sie waren richtig spannend.

Rötzer: Und haben Sie damals auch die Populärkultur aus dem Westen mitbekommen?

Wagenknecht: Na ja, was ist denn Populärkultur aus dem Westen?

Rötzer: Dinge wie Popmusik, Comics oder Filme. In den 1970er Jahren gab es dann nach 1968 auch die Alternativ- und die Hippiebewegung.

Wagenknecht: Ehrlich gesagt, als Kind interessiert man sich dafür nicht besonders. Comics aus dem Westen gab es in der DDR natürlich nicht. Als Jugendliche bin ich so im Alter von dreizehn, vierzehn Jahren in Diskotheken gegangen, da wurde überwiegend Popmusik aus dem Westen gespielt. Es gab ja nicht so viele DDR-Bands. Damals hatte ich eine Punkfrisur und habe meine ersten Alkoholerfahrungen gemacht. Das war aber eher so eine Rebellion gegen alles und hatte mit der eigentlichen Punkkultur wenig zu tun.

Rötzer: Sie sind mit sieben Jahren zur Einschulung nach Berlin zu Ihrer Mutter gekommen. Hat sich durch den Umzug in die Großstadt und mit dem Beginn der Schule für Sie etwas grundlegend geändert? Auch in Bezug zum Lesen oder zur Kultur?

Wagenknecht: Na ja, ich wollte nie in den Kindergarten, in die Schule wollte ich immer, ich wollte ja etwas lernen. Ich wäre wahrscheinlich mit Begeisterung in einen Kindergarten gegangen, wo ich eine Sprache hätte lernen können, so etwas gab es leider nicht, oder irgendetwas anderes, aber die Kindergärten, die sie mit mir ausprobiert haben …

Rötzer: Sie waren in einigen?

Wagenknecht: Ja, aber immer nur für eine Woche oder so, weil ich dann Terror gemacht habe, dass ich nicht mehr hinwill. Da wurde man den ganzen Tag auf einen Spielplatz gesetzt oder musste andere Sachen machen, die ich als langweilig empfand. Und natürlich war ich als Einzelkind auch den Umgang mit anderen Kindern nicht gewohnt. Das fiel mir schwer, und ich habe irgendwie auch nie richtig Anschluss gefunden. Ich hatte im Vorschulalter eigentlich nur eine wirkliche Freundin, sie wohnte in der Straße meiner Großeltern und war vier Jahre älter als ich. Mit ihr war ich gern zusammen. Aber plötzlich in einer Gruppe mit zehn oder fünfzehn Kindern, damit kam ich nicht klar. Und oft wurde ich dann noch wegen meines fremdländischen Aussehens gehänselt. Das waren alles Gründe, warum man mich nicht für einen Kindergarten begeistern konnte. Dann war ich lieber allein zu Hause und habe mich selbst beschäftigt. Dabei ist es mir eigentlich nie langweilig geworden.

Rötzer: Heute gibt es ja viele Eltern, die ihre Kinder zum Optimieren von klein auf mit Bildung traktieren, sie müssen Fremdsprachen und Instrumente lernen. Die Muße des zwecklosen Spielens geht dabei eher verloren. Finden Sie das denn gut?

Wagenknecht: Es geht nicht ums Optimieren, aber ich empfinde es als eine große Sünde, Kindern nicht die Chance zu geben, Fremdsprachen zu lernen. Europa wäre schon viel weiter, wenn alle Kinder bereits im Kindergarten zwei Sprachen lernen würden. Gleich, ob Französisch, Spanisch oder Englisch. Kinder lernen eine Sprache so leicht wie nie wieder im Leben. Heute ist das ein Privileg der Wohlhabenderen, die ihren Kindern das ermöglichen. Ich habe mich immer geärgert, dass ich als Kind diese Chance nicht hatte. Bei Sprach- oder Musikunterricht wäre ich mit Begeisterung dabeigewesen, aber da gab es vor Ort keine Gelegenheit. Also, ich finde es gut, Kinder früh zu fördern.

Manches geht heute leichter, da bräuchte man noch nicht mal Betreuung. Als Kind hatte ich zum Beispiel angefangen, Schach zu spielen. Ich hatte aber keinen Partner, der mit mir wirklich spielen konnte, und dann habe ich es irgendwann wieder verlernt. Ein Schachcomputer hätte mich damals glücklich gemacht, aber so was gab es noch nicht. Natürlich muss man die Förderung vom Kind abhängig machen. Es gibt Kinder, die sind mit vier oder fünf noch völlig verspielt, die sollte man dann auch nicht unter Druck setzen, dass sie schon etwas lernen müssen, wozu sie gar keine Lust haben. Aber die Kinder, die sehr früh deutliches Interesse zeigen, sollte man fördern. Dafür bräuchten wir natürlich sehr viel besser ausgestattete Kitas auch für den Normalbürger und nicht nur für die, die sich die teuren Super-Kitas leisten können.

Ich wollte jedenfalls unbedingt in die Schule, und mit sieben Jahren empfand ich das für mich als viel zu spät. Ich weiß noch, dass ich so mit vier, fünf immer gesagt habe, warum kann ich nicht in die Schule, wieso muss ich so lange warten?

Rötzer: War der Schuleintritt mit sieben üblich?

Wagenknecht: Kurz vor meinem Geburtstag war der Stichtag, ob man mit sechs oder mit sieben in die Schule kommt. Ich weiß nicht, ob man daran etwas hätte ändern können. Meine Großeltern und meine Mutter haben es wahrscheinlich gut gemeint und gedacht, dass man mir eine lange unbeschwerte Kindheit lassen soll.

Auf jeden Fall habe ich mich wirklich auf die Schule gefreut. Allerdings war sie dann eine Enttäuschung, weil ich gemerkt habe, dass ich das, was ich in den ersten Klassen lernen sollte, schon konnte. Und dann wartete nachmittags auch noch der Schulhort, der war wie Kindergarten. Ich habe mich dem dann dadurch entzogen, dass ich in den ersten Schuljahren dauernd krank wurde oder mich habe krankschreiben lassen. Das hatte für mich den besonderen Vorteil, dass ich dann immer zu meinen Großeltern konnte. In den ersten beiden Klassen war ich die Hälfte der Zeit nicht in der Schule. Ich dachte, jetzt werde ich endlich gefordert, und dann sollte ich Sachen lernen, die ich schon konnte. Ein bisschen Rechnen hatten mir meine Großeltern auch beigebracht, lesen und schreiben konnte ich.

Später wurde es interessanter. Die Naturwissenschaften fand ich spannend, weil es da Neues gab, was ich noch nicht kannte, aber Bio und Chemie wurden natürlich in den ersten Klassen noch nicht unterrichtet. Mathematik hat mich sowieso fasziniert. Ich hatte damals eine Mathe-Zeitschrift mit besonders kniffligen Aufgaben für Schüler unterschiedlicher Klassenstufen, und ich habe meinen Ehrgeiz eingesetzt, die Aufgaben für die höheren Klassen zu lösen. Man konnte das einsenden und bekam dann eine Auswertung. Meistens stimmten meine Lösungen, das hat mich dann richtig stolz gemacht. Ich wollte dann am liebsten auf eine mathematische Spezialschule, aber da habe ich keinen Platz bekommen. Ich weiß auch nicht genau, nach welchen Kriterien die vergeben wurden. Es gab ja nur ganz wenige solche Spezial-schulen in der DDR.

Rötzer: War es dann vielleicht auch ein bisschen Zufall, dass Sie eher in Richtung Philosophie gingen als in Richtung Naturwis-senschaften?

Wagenknecht: Kann schon sein, dass ich mit einer mathemati-schen Spezialausbildung einen anderen Weg eingeschlagen hätte. Aber letztlich, ich glaube, die reine Mathematik hätte mir irgend-wann nicht mehr genügt. Gelesen hatte ich ja schon immer gern. Die Klassik, insbesondere Goethe, habe ich allerdings erst mit sechzehn Jahren entdeckt. Damals habe ich auch meinen ersten philosophischen Text gelesen. Spinozas *Ethik* stand bei meiner Mutter im Bücherregal. Ich wusste aus seinen Briefen und dem *Werther*, dass der junge Goethe sehr stark von Spinoza beeinflusst war. Also nahm ich meinen Mut zusammen und begann, mich durch Spinozas *Ethik* zu arbeiten. Die Wahrheit ist natürlich, dass ich es damals überhaupt nicht verstanden habe. Denn wenn man mit sechzehn, ohne Vorwissen oder irgendeine Hilfestellung, plötzlich Spinoza liest, kann das eigentlich nur schiefgehen. Auch vorher hatte ich natürlich immer wieder in den Büchern meiner Mutter rumgestöbert, und irgendwann hatte ich auch mal, das weiß ich noch, Sigmund Freud in die Hände bekommen. Da war ich zwölf oder dreizehn. Ich habe das gelesen und natürlich nicht begriffen, worüber der Mann eigentlich schreibt. Aber ich fühlte mich unglaublich erwachsen, indem ich das las. Und ich hatte immer so einen Ehrgeiz, wenn ich ein Buch anfange, es auch durchzulesen. Sonst hätte ich mir ja mein Scheitern eingestehen müssen.

Aber wirklich intensiv habe ich, wie schon gesagt, anspruchsvolle Literatur erst mit sechzehn zu lesen begonnen. Das hat mit Goethes *Faust* angefangen. Er hat mich so fasziniert, dass ich dann nahezu alles von Goethe gelesen habe, danach auch von Schiller, von Shakespeare, von den alten Griechen, schließlich sogar die französischen Dramatiker Corneille und Racine. Und von Goethe kommt man dann eben auch zur Philosophie. In Goethes Werken, noch mehr in seinen Briefen, ist die damalige Philosophie ja überall präsent, also Kant, Fichte und Hegel.

Die klassischen Philosophen waren in der DDR nicht so einfach zu bekommen. Nicht, weil sie unter Zensur gestanden hätten, sondern weil sie einfach vergriffen waren. Eine Goldgrube waren Antiquariate, aber da musste man suchen. Ich weiß noch, Hegels *Logik* habe ich nur auf Umwegen bekommen. Ich hatte eine Anzeige geschaltet – das war damals recht billig und eine verbreitete Methode, Dinge zu bekommen, die man normal nicht kaufen konnte –, dass ich Hegels *Logik* suche. Tatsächlich hat sich ein netter emeritierter Professor gemeldet, der sie zwei Mal hatte und mir eine Ausgabe dann sogar geschenkt hat. Hegels *Logik* ist natürlich auch ganz harte Kost, vor allem, wenn man niemanden hat, der einem hilft. Meine wichtigste Hilfe war damals Georg Lukács' *Der junge Hegel*. Den hatte mir der

Dichter Peter Hacks empfohlen. Ja, und das war dann auch der Zugang zu Marx.

Goethe als Gesellschaftskritiker

Rötzer: Man könnte ja bei Goethe meinen, dass man als junger Mensch den Anfang mit dem *Werther* oder den *Wahlverwandtschaften* macht, die leichter und unterhaltsamer zu lesen sind. Warum haben Sie ausgerechnet mit *Faust* begonnen? Haben Sie den *Faust* vorher im Theater gesehen oder zuerst das Buch gelesen?

Wagenknecht: Erst später habe ich ihn im Theater gesehen, verschiedene Inszenierungen. Der *Faust* war auf dem Lehrplan der Schule, also *Faust I*. So bin ich dazu gekommen, ihn zu lesen, und wie es eben so ist, hatte ich zunächst keine große Lust dazu. Dramen hatte ich bis dahin kaum gelesen, das war ungewohnt. Der *Faust* hat mich dann aber unglaublich gefesselt. Die zynische, schillernde und trotzdem irgendwie anziehende Figur des Mephisto. Und auch Faust selbst in seinem Wissensdrang, aber auch seiner Skrupellosigkeit und seinem Leiden daran. Nach *Faust I* habe ich sofort auch *Faust II* gelesen. Verstanden habe ich zunächst nur die Hälfte. Es ist ja auch kein Werk, das man mal so nebenbei versteht. Es fängt damit an, dass ich damals die griechische Mythologie noch kaum kannte. Auch Homer habe ich ja erst später gelesen.

Aber *Faust* war der Auslöser, erst danach habe ich ernsthaft angefangen, über gesellschaftliche Fragen nachzudenken. Warum sind die Verhältnisse so, wie sie sind? Warum haben sich die Menschen bestimmte Institutionen gegeben, die eigentlich für viele eher nachteilig sind? Die von nicht wenigen auch gar nicht gewollt werden? Was kann man ändern und wie kann man es ändern? Das war für mich der Zugang auch zum politischen Denken. Der *Faust* ist ja ein hochpolitisches Werk.

Philosophisch und zugleich zutiefst politisch ist bei *Faust* schon die Ausgangslage. Mephisto, der stets Verneinende, steht im Grunde für die pessimistische Weltsicht, also für die Devise: Die Menschheit schafft es nie, die Menschen werden sich immer nur gegenseitig bekämpfen und zerstören, es wird nie zu etwas Gutem kommen. Mephisto ist trotzdem eine faszinierende Figur, so wie diese pessimistische Weltsicht ja auch eine gewisse Faszination auf viele ausübt. Vor allem aber ist sie sehr bequem: Man kann sich zurücklehnen und sich aus der Verantwortung stehlen, wenn man davon ausgeht, dass sich sowieso nichts zum Guten wenden lässt. Dann ist es auch legitim, einfach nur den eigenen Vorteil zu suchen und sich um die Probleme anderer, um Not und Armut, nicht weiter zu bekümmern.

Neben, in gewisser Hinsicht auch gegen Mephisto steht aber Faust als derjenige, der wirklich etwas will, der wissen will, was die Welt im Innersten zusammenhält, der eingreifen, tätig werden, verändern will. Damit konnte ich mich sofort identifizieren. Schon der erste Monolog von Faust lebt von Gefühlen, die mir trotz der fremden, mittelalterlichen Umgebung völlig vertraut waren: Wie da einer nachts über Büchern sitzt, und der Mond scheint durchs Fenster, und er grübelt und brütet über den Sinn des Lebens und die großen Zusammenhänge der Welt. Welche von den vielen Lehren und Theorien, die diese Bücher enthalten, sind leer und tot, welche zukunftsträchtig und lebendig? Wie kann man das unterscheiden?

Faust II endet mit einer wunderbaren, sehr, sehr optimistischen Botschaft: Mephisto steht blamiert da, weil eine Aufwallung ausgerechnet des schönsten und edelsten aller menschlichen Gefühle, der Liebe, ihn daran hindert, sich Fausts Seele zu greifen, die deshalb nicht dem Teufel anheimfällt, sondern gerettet wird. Trotz aller Verbrechen, für die Faust mitverantwortlich ist. Die Engel umgarnen den Menschenverächter Mephisto, der sich plötzlich erotisch zu ihnen hingezogen fühlt – und in diesem Augenblick entwischt ihm Fausts Seele. Das ist eine so wunderbare Hommage an die Menschheit und eine so eindeutige Absage an den Weltpessimismus – und das, obwohl Goethe der Kommerzialisierung aller Lebensbereiche und dem damit verbundenen kulturellen Banausentum im heraufziehenden Kapitalismus mit großer Sorge entgegensah. Die Briefe und Gespräche des alten Goethe zeigen, wie sehr er mit sich gerungen hat, was die Einschätzung der näheren und fernen Zukunft angeht. Er war einerseits optimistisch im Hinblick auf die technologische Entwicklung. Dass die Entfesselung von Bereicherungstrieb und Profitstreben dazu führen wird, dass immer neue Technologien und Maschinen entwickelt werden, die den Menschen in die Lage versetzen, immer mehr Reichtum zu produzieren, hat Goethe sehr klar gesehen. Aber er hat zugleich mit Schrecken wahrgenommen, um welchen Preis das geschieht. Die englischen Industriestädte waren mit ihren stinkenden Ausdünstungen, ihrem furchtbaren menschlichen Elend und der Abwesenheit jeder Kultur das offenkundige Kontrastprogramm zu den lichten, schönen Renaissancestädten mit ihren imposanten Bauten, ihren großen Malern und reichen Mäzenen. In Manchester gab es kein Theater, keine Kunst und Kultur, noch nicht mal für die Oberschicht. Alles war einfach nur kalt und düster. Der Protestantismus, insbesondere in seiner calvinistischen Version, gab dieser neuen Welt auch noch eine religiöse Weihe. Geld hieß der neue Gott, Egoismus, eiskalte Berechnung und schamlose Selbstbereicherung waren nicht mehr verächtlich, sondern legitim.

Den alten Goethe trieb die Frage um, ob so wirklich die Zukunft der Menschheit aussehen soll oder ob danach, wenn genug

Reichtum produziert und genug Geld verdient ist, noch einmal etwas anderes kommt. Ihn beschwerten auch die naturzerstörenden Tendenzen der neuen Wirtschaftsordnung, die schon damals Wälder rodete und Rohstoffe ausbeutete, als gäbe es kein Morgen. In dem Festspiel *Pandora* sorgt er sich »wie die Natur sich quälen lässt«. Goethe hat sich wohl wegen dieses Unbehagens angesichts der heraufziehenden kapitalistischen Moderne auch mit den Schriften der französischen Frühsozialisten beschäftigt. Deren Publikation *Le Globe* war in seinen letzten Lebensjahren die einzige Zeitung, die er regelmäßig las.

Rötzer: Sie sagten, dass Goethe sehr optimistisch ausgerichtet war. Das geht so weit, dass selbst sein Mephisto sagt: »Ich bin die Kraft, die stets das Böse will und stets das Gute schafft.« Seit der *Dialektik der Aufklärung* ist das pessimistisch umgeschrieben worden, nämlich dass diejenigen, die das Gute wollen, unfreiwillig das Böse schaffen. Das wurde auf den Nationalsozialismus als Ende der Fortschrittsgeschichte und schließlich auf Utopien wie den Kommunismus gemünzt, der im Gulag endet.

Wagenknecht: Das ist ja die übliche Diskreditierung aller visionären Entwürfe. Wenn man das annimmt, dann ist man fein raus, dann kann man sich einrichten, sich um seinen eigenen Wohlstand sorgen und sagen, der Rest der Menschheit kümmert mich einen Dreck, denn die Welt ist eben schlecht, und jeder Versuch, sie zu verbessern, zum Scheitern verdammt. Es gibt ja heute den abwertenden Begriff des ›Gutmenschen‹. Jemand, der sich für Schwächere oder für eine bessere Gesellschaft einsetzt, wird als Gutmensch abqualifiziert, will heißen, wer so handelt, ist ein Trottel. Die Smarten, Klugen haben längst begriffen, worum es auf dieser Welt wirklich geht: Sie kümmern sich um ihren eigenen Vorteil und sorgen damit letztlich auch für das Wohl aller. Denn das allgemeine Gute, so lehren uns die ›Wirtschaftsweisen‹, die Adam Smith nicht verstanden haben, resultiert daraus, dass alle Akteure nur an das denken, was für sie selbst das Beste ist. Für die Profiteure der heutigen Verhältnisse, für die ökonomisch Mächtigen, ist ein solches Wertegefüge natürlich ideal.

Der Wert des Buches

Rötzer: Sie haben betont, dass Sie viel gelesen haben, wie wichtig Ihnen Bücher waren und auch weiterhin sind. Das Lesen – und auch das Schreiben – von Büchern ist kulturgeschichtlich eine relativ kurze Praxis, die erst mit dem Buchdruck wirkliche Verbreitung gefunden hat. Verändern sich über den Zugang zu den später hinzugekommenen Medien die Kultur und Politik? Wie ist es, wenn viele Kinder jetzt aufwachsen, indem sie Fernsehen gucken, Computerspiele spielen, im Internet kommunizieren, aber kaum mehr einen Zugang zu Büchern, vor allem nicht zu schwierigen und komplexen Büchern, finden? Entsteht dadurch, dass die Kinder jetzt in einer ganz anderen Medienwelt als der ›Gutenberg-Galaxie‹ aufwachsen, ein kultureller Bruch? Gedanken, die in den verschachtelten Satzstrukturen etwa von Hegel über zig Zeilen entwickelt werden, sind für viele, vornehmlich für Jugendliche oft nicht mehr zumutbar, da für sie zu viel Arbeit erforderlich ist, um zum Inhalt vorzudringen.

Wagenknecht: Das ist eine Frage der Bildung, nicht der Medien oder der technologischen Möglichkeiten. Natürlich ist der sicherste Weg, Menschen vom eigenen Denken abzuhalten, ihnen den Zugang zu dieser Kultur einfach nie zu öffnen. Es gibt auch heute genügend junge Menschen, die im Gymnasium und später im Studium Bücher lesen, so schlimm ist es zum Glück nicht. Aber es ist tatsächlich so, dass unser Bildungssystem so beschaffen ist, dass viele Jugendliche die Schule verlassen, ohne je ein Buch von vorn bis hinten durchgelesen zu haben. Ich nutze ja auch soziale Medien wie Twitter, wo man von vornherein nur 140 Zeichen für eine Nachricht zur Verfügung hat. Auch bei Facebook ist es so, dass lange Posts kaum gelesen werden. Und da geht es nicht um die Länge eines normalen Zeitungsartikels, schon ein Drittel davon ist zu viel. Das wird immer verkürzter, immer verknappter, weil viele tatsächlich nicht mehr gewohnt sind, einem längeren Gedankengang zu folgen.

Aber das ist eine unglaubliche Verarmung und ich denke auch nicht, dass das die Zukunft ist. Es hat vielmehr damit zu tun, wie in der Schule Zugang zu Büchern vermittelt oder eben nicht vermittelt wird. Wenn man nie einen Zugang hatte, fängt man mit vierzig nicht plötzlich an, Bücher zu lesen, weil einem diese Welt völlig fremd ist und man auch gar nicht die Konzentration dafür hat, sich mit ihr anzufreunden. Aber das ist doch schrecklich, das ist ein Teil des kulturellen Niedergangs, den wir vielerorts beobachten können.

Natürlich ist es wichtig, auch andere Medien zu nutzen. Wer sich etwa für die Rede eines Politikers interessiert, wird heute weit eher das Video ansehen als die Mitschrift zu lesen, weil das Medium einfach lebendiger ist. Eine Rede ist eine Rede, und sie lebt davon, dass man den Redner auch in seiner Mimik und Gestik sieht. Auch die Stimmung im Publikum wird dadurch besser eingefangen. Aber man kann sich nicht die großen Kulturen dieser Welt über YouTube-Clips erschließen. Natürlich gibt es nach wie vor das eigenständige Genre des Artikels, in dem bestimmte Gedanken entwickelt werden. Und erst recht das des Sachbuches, das umfangreich zu einem Thema Informationen liefert und Stellung bezieht.

Es ist auch ein Instrument der Entpolitisierung und damit des Machterhalts, dass oft gerade Kinder aus ärmeren Familien von dieser Kultur dauerhaft ausgeschlossen bleiben. Kinder aus wohlhabenderen, gebildeten Schichten nehmen die Fähigkeit und den Anreiz, Bücher zu lesen, oft schon aus dem Elternhaus mit. Aber Kinder aus den Schichten, denen es weniger gut geht, haben kaum Chancen dazu, und viele von ihnen sind daher auch politisch völlig uninteressiert.

Rötzer: Wird das durch die digitalen Medien selbst noch verstärkt?

Wagenknecht: Die Digitalisierung ist daran nicht schuld. Digitale Dienste könnten ein Medium sein, das man einfach zusätzlich benutzt. Die sozialen Netzwerke sind für viele ein Verständigungsmedium mit Freunden, sie erweitern den Kommunikationsraum. Aber sie ersetzen noch nicht einmal eine Zeitung, geschweige denn die Erweiterung des eigenen Horizonts durch die Lektüre guter Bücher.

Rötzer: Es wird auch von politischer Seite versucht, die Technik in die Kindergärten und in die Schulen hineinzutragen. Es werden Smart Schools propagiert ohne Tafeln und Bücher, nur noch mit Tablets und Computern – was als Fortschritt ausgegeben wird.

Wagenknecht: Wer das möchte oder gewohnt ist, kann Bücher natürlich auch als E-Books lesen. Ich kann das nicht, muss ich ehrlich sagen, ich brauche Papier. Man kann zwar auch in E-Books unterstreichen, aber ich schmiere eben lieber von Hand in den Texten rum. Klar hat die elektronische Version auch Vorteile. Man kann zum Beispiel zwanzig digitale Bücher in einen Urlaub mitnehmen, während das Gepäck mit normalen Büchern groß und schwer wird. Das ist für einige schon ein Argument. Wer lieber E-Books liest, der soll E-Books lesen. Man kann statt zu lesen auch zu Hörbüchern greifen, was inzwischen viele machen. Das sind für mich nicht die entscheidenden Fragen.

Viele Menschen haben schlicht nicht mehr die Zeit, dicke Bücher zu lesen. Für Pendler sind Hörbücher deshalb eine Chance, die endlosen Autofahrten sinnvoll zu nutzen. Wichtig ist nicht, wie man Bücher zur Kenntnis nimmt, ob in Papierform, digital oder durch Zuhören, wichtig ist, ob man die Fähigkeit besitzt, längeren Gedankengängen konzentriert zu folgen. Die langen Gedankengänge sind natürlich die tiefgründigeren, weil die Welt einfach zu komplex ist für Erkenntnisse in 140 Zeichen. Vorschläge zu sozialen Veränderungen, aber auch die Erklärung von gesellschaftlichen Zusammenhängen, brauchen Raum. Das ist es, was heutzutage nicht mehr oder kaum noch vermittelt wird – und das ist das Problem.

Vor allem entgeht einem dann ein riesiger kultureller Schatz. All die wunderbaren großen Romane, sie bereichern doch das Leben. Wenn man Leo Tolstoi oder Thomas Mann liest, dann hat man doch eine ganz andere Sicht auf Probleme, einen ganz anderen Zugang zu gesellschaftlichen Themen, zu Fragen des menschlichen Miteinanders. Es ist einfach eine Welt, die einem ewig verschlossen bleibt, wenn man das nicht lesen kann oder will.

Rötzer: Auch zu Goethes Zeiten war Lesen Teil einer minoritären Kultur.

Wagenknecht: Damals sowieso, es handelte sich allerdings auch nicht um eine Demokratie, sondern um eine Fürstenherrschaft mit einem kleinen gebildeten Adel und einem sehr, sehr kleinen gebildeten Bürgertum, während alle anderen weitgehend Analphabeten waren. Aber das ist doch kein Zustand, zu dem wir zurückkehren wollen! Es gab im 19. Jahrhundert aus gutem Grund das Bestreben, dass Menschen aus allen Schichten der Zugang zu Bildung eröffnet werden sollte. Es ist traurig, dass wahrscheinlich in der ersten Hälfte des 20. Jahrhunderts, gerade in den Arbeitermilieus, wesentlich mehr humanistische Bildung vorhanden war als heute. Einfache Arbeiter haben damals Schiller und Fontane gelesen.

Damals gab es vielerorts die Arbeiterbildungsvereine. Diese Bildung wurde auch seitens der Sozialdemokratie befördert. Als es wirklich in die Breite ging, also in der zweiten Hälfte des 20. Jahrhunderts, ist ein Bildungssystem entstanden, dass vielen eine ziemlich umfassende Bildung vermittelte und so auch Aufstiegschancen sicherte, unabhängig von der Herkunft. Jetzt wird die Zeit wieder zurückgedreht.

Die Resonanz auf mein letztes Buch *Reichtum ohne Gier* kam zwar zu großen Teilen von Akademikern, aber keineswegs ausschließlich. Gerade unter den nicht mehr ganz jungen Lesern, die mir geschrieben haben, waren auch viele ohne höhere Abschlüsse. Bei den Jüngeren sind es dagegen fast nur noch Studierende. Das ist schon ein auffälliger Unterschied. Das bundesdeutsche Bildungssystem war offensichtlich schon einmal deutlich besser als heute.

Rötzer: Wenn heute von der Notwendigkeit einer besseren Ausbildung gesprochen wird, sind eher naturwissenschaftliche und technische Fächer gemeint, während Sie hingegen eine andere Ausbildung fordern.

Wagenknecht: Eine andere und breitere. Das schließt eine gute technisch-naturwissenschaftliche Ausbildung ein, die ist wichtig. Aber der erweiterte Horizont, der auch das eigene Leben bereichert, kommt durch den Zugang zu den großen kulturellen Traditionen der Menschheit. Der wird nicht im Physikunterricht vermittelt, sondern das geschieht ganz wesentlich über die Beschäftigung mit Literatur und Kunst. Philosophieunterricht gibt es heute auch fast ausschließlich an Gymnasien. Wir brauchen aber Bildung, nicht nur eine Schmalspur-Ausbildung, für alle. Dafür müsste man natürlich das Bildungssystem personell und finanziell sehr viel besser ausstatten. Deutschland gehört ja zu den OECD-Ländern, die kläglich wenig für Bildung ausgeben, weit weniger als der Durchschnitt, geschweige denn als die skandinavischen Länder.

Rötzer: Gab es denn in der DDR Philosophieunterricht?

Wagenknecht: Es gab die sogenannte Staatsbürgerkunde. Da wurde die Weltphilosophie zumindest ein bisschen gestreift. Aber das war ideologisch stark auf die Vermittlung der damaligen Lesart des ›Marxismus-Leninismus‹ ausgerichtet. Man hörte von Kants kategorischem Imperativ, und es wurde auch von Aristoteles oder Platon gesprochen. Die entscheidenden Namen hatte man dadurch mal gehört, aber man kann nicht sagen, dass das ein wirklicher Zugang zur Philosophie war.

Rötzer: Bücher gelten als veraltet, während Eltern häufig der Meinung sind, es sei vordringlich wichtig, dass Kinder den Umgang mit der Technik und den Medien lernen, um draußen in der Wirtschaftswelt überhaupt bestehen zu können. Ich glaube, dass Eltern und Technik einen gewissen Druck ausüben, wodurch Schulen neben der Propaganda der IT-Konzerne meinen, sie müssten vor allem digitale Kompetenzen bieten. Auch die universitäre Ausbildung hat sich drastisch verändert. Als ich noch studierte, gab es in der Philosophie noch nicht einmal einen wirklichen Lehrplan, man konnte machen, was man wollte, man musste nur bestimmte Scheine zusammenkratzen, um irgendwann einen Abschluss erreichen zu können. Heute ist alles durchgeschult, die Studenten sammeln von Anfang an Punkte, alles ist nur auf den Abschluss ausgerichtet. Sie haben wenig Zeit und kommen kaum dazu, zu lesen, abzuschweifen und sich in etwas zu verbeißen. Dieses System läuft doch darauf hinaus, dass man eben genau diese Reflexionsfähigkeit, die Sie mit dem Lesen verbinden, den Studierenden immer mehr austreiben will. Stecken da Interessen dahinter?

Wagenknecht: Klar. Wenn ich nicht mehr reflektieren kann, wenn ich nur noch eine Schmalspurausbildung kriege, dann ist das der Weg in die Unmündigkeit. Und überhaupt: Wenn ich über viele Fragen noch nie nachgedacht habe und recht wahrscheinlich auch künftig nicht nachdenken werde, bedeutet das natürlich, dass ich im Sinne der heutigen Verhältnisse ein viel fügsamerer und anspruchsloserer Teil der Gesellschaft bin, als wenn ich mir zu viele Gedanken mache und dann vielleicht irgendwann mal aufstehe und rebelliere, weil ich zur Überzeugung komme, dass es so wie bisher nicht weitergehen kann und es Alternativen geben muss.

Rötzer: Wie müsste man die Schulen oder die Universitätsausbildung verändern?

Wagenknecht: Naja, es fängt ganz einfach an. Die Schule hat die verdammte Pflicht, Kindern vor allem anderen die elementaren Fähigkeiten zum Lesen, Schreiben und Rechnen beizubringen, selbst das ist ja heute nicht mehr unbedingt gegeben. Es ist wirklich erschreckend, wie viele junge Leute die Hauptschule verlassen und noch nicht einmal das können. In Mails, die ich bekomme, sehe ich, wie viele gerade jüngere Menschen es gibt – und zwar auch von der Herkunft Deutsche, wie man am Namen erkennt, nicht allein Kinder aus Einwandererfamilien –, die teilweise keinen grammatikalisch oder orthographisch korrekten deutschen Satz bilden können. Damit fängt es schon mal an. Es geht um ganz elementares Deutsch.

Rötzer: Sie meinen also, dass die deutsche Sprache verkommt? Oder verändert sie sich nur?

Wagenknecht: Ich finde schon, dass das ein Verkommen ist. Und vor allem werden so Lebenschancen zerstört. Denn junge Menschen, die so die Schule verlassen, schreiben ihre Bewerbungen auch auf diese Weise und erhalten so nie eine Chance.

Wenn die Fähigkeit, sich in korrektem Deutsch auszudrücken, zum Herrschaftswissen wird, also ein beträchtlicher Teil der Bevölkerung das nicht mehr beherrscht, dann kann von Chancengleichheit, Perspektiven und Aufstiegsmöglichkeiten keine Rede sein. Die Grundfertigkeiten sind daher zunächst mal das Wichtigste. Sind sie nicht vorhanden, braucht man den Schülern mit einem *Wallenstein* gar nicht erst zu kommen. Und dann geht es darum, Zugang zu Literatur und Kultur zu öffnen. Ob man das weiter pflegen möchte oder nicht, kann jeder für sich selbst entscheiden. Niemand ist verpflichtet, sein Leben lang Thomas Mann zu lesen. Aber den Schülern muss die Chance gegeben werden zu entdecken, ob es ihnen Freude bereitet und sie geistig bereichert, wenn sie den *Werther*, den *Zauberberg* oder *Krieg und Frieden* lesen. Das ist Aufgabe der Schule, und hier versagt sie weitestgehend.

Und es geht natürlich auch dabei nicht zuletzt um Wertevermittlung und darum, in was für einer Gesellschaft wir leben wollen. Ich bin nicht der Meinung, dass man den Kapitalismus durch einen moralischen Diskurs in eine solidarische Gemeinschaft verwandeln kann. Dafür müssen schon die wirtschaftlichen Macht- und Eigentumsverhältnisse verändert werden. Aber jede Gesellschaft wird von der Akzeptanz gemeinsamer Werte zusammengehalten. Nur welche Werte sind das heute? Wenn die akzeptierten Werte einer Gesellschaft durch Egoismus, Ellenbogen, Geiz, Gier und die Einstellung, dass sich jeder selbst der Nächste ist, bestimmt werden, dann fördert das natürlich besonders rücksichtsloses Verhalten. Sind andere Werte verankert, werden Menschen zumindest partiell anders miteinander umgehen. Schon weil niemand sich gern so verhält, dass er von anderen dafür verachtet wird. Außerdem werden sie dann natürlich eher skeptisch und kritisch gegenüber einer Wirtschaftsordnung, die auf Egoismus und schamloser Selbstbereicherung der sogenannten Eliten beruht.

Rötzer: Sie sagen also, wenn die Menschen mehr Zugang zur Literatur oder zur Philosophie hätten, dass dann über die größere Reflexion auch ein anderes Weltbild, eine andere Haltung zur Gesellschaft entsteht? Es sind doch aber nicht unbedingt nur die Ungebildeten gewesen, die den Neoliberalismus gepredigt haben?

Wagenknecht: Es gibt Interessen, die den Neoliberalismus stützen, weil er die Ideologie der Herrschenden ist und das Profitstreben um jeden Preis legitimiert. Er bietet eine wunderbare Selbstrechtfertigung, wenn ich als Konzernchef, um die Rendite zwei Punkte zu steigern, tausend Leute auf die Straße schmeiße und die Produktion nach Rumänien verlagere. Der Neoliberalismus rechtfertigt auch die Politiker, die Gesetze verabschieden, die die Arbeitnehmer wehrloser machen und den Sozialstaat zerstören. Aber die Frage ist doch, inwieweit diese neoliberale Ideologie Akzeptanz in der Gesellschaft genießt.

Je gebildeter ich bin, desto schwerer ist es, mir einzureden, dass ich Verhältnisse großartig finden soll, die mich deutlich benachteiligen. Die Kommerzialisierung aller Lebensbereiche war bereits für Aristoteles ein Gegenstand von Kritik, und erst recht natürlich bei Goethe. Bei ihm wird das ab etwa 1820 zum dominierenden Thema: Was passiert, wenn dieser Kapitalismus, diese rein berechnende Geldherrschaft, unser ganzes Leben bestimmt? Was bleibt dann noch vom Menschen?

Faust II endet mit der Botschaft, dass der Kapitalismus eine Übergangsgesellschaft ist. Er hat die Aufgabe, die Menschheit reich zu machen, also die Produktionsmittel, die Maschinen, so zu entwickeln, dass wir mit relativ wenig Arbeit sehr viel Wohlstand erzeugen können. Das hat der Kapitalismus auch tatsächlich geschafft, das hat Goethe richtig vorhergesehen. In allen früheren Gesellschaften hätte eine größere Gleichverteilung nur die Verallgemeinerung von Armut bedeutet. Erst seit wenigen Jahrzehnten können wir tatsächlich den Wohlstand verallgemeinern. Aber wir können das nur theoretisch, die heutige wirtschaftliche Ordnung verhindert es und erzeugt große soziale Kontraste. Also braucht es eine andere Wirtschaftsordnung, in der niemand mehr dank seines Wirtschaftseigentums die Macht besitzt, sich die Ergebnisse der Arbeit vieler anzueignen, und in der nicht mehr dieses Streben nach Expansion, Profit und immer mehr Besitz dominiert. Faust ist, wie erwähnt, am Ende der Chef eines Weltkonzerns. Er tut, was Konzerne bis heute tun: »Krieg, Handel und Piraterie, dreieinig sind sie, nicht zu trennen.« Also Welthandel, Krieg um Rohstoffe, Ausplünderung von Ressourcen und Ausbeutung, das alles gehört zusammen und war im Kapitalismus von Beginn an eine Einheit.

Der Großunternehmer Faust, der eigentlich zunächst nur etwas absolut Produktives und Nutzbringendes will, nämlich Land urbar machen, es dem Meer entreißen, damit darauf Nahrungsmittel angebaut werden können, wird am Ende aus purem Expansionsdrang zum Verbrecher. Er stört sich daran, dass da noch zwei liebenswerte alte Menschen, Philemon und Baucis, auf einem Hügel wohnen, der nicht zu seinem Weltbesitz gehört und den er unbedingt auch noch sein Eigen nennen will. Er hat bereits ein Riesenunternehmen, aber da ist noch ein Winkel, über den er noch nicht herrscht, und das hält er nicht aus. Das muss weg. Am Ende werden die beiden Alten von Mephisto verbrannt, also brutal ermordet. Letztlich ist das Fausts Verantwortung, denn er hat Mephisto hingeschickt, wenn auch nicht mit dem Auftrag, sie umzubringen, sondern nur, sie umzusiedeln. Aber Mephisto wäre nicht Mephisto, wenn er solche Aufträge nicht auf eigene Weise auslegen würde, zumal die beiden ihr Häuschen partout nicht räumen wollen. Faust weiß auch, dass er die Verantwortung für den Mord trägt, und das quält ihn. Im Schlussmonolog entwirft er dann in wenigen luftigen Zügen die Vision einer Gesellschaft, in der Gemeinsinn und Freiheit an die Stelle von Egoismus und Abhängigkeit treten.

Kunst

Rötzer: Ihre Liebe zur Literatur dürfte mittlerweile über jeden Zweifel erhaben sein. Aber Kunst gehört nicht minder zur humanistischen Bildung. Ihre Mutter war ja Kunsthändlerin. Hatten Sie auch über sie schon früh Zugang zur bildenden Kunst? Mit was hat sie denn gehandelt?

Wagenknecht: Sie hat in einer Galerie gearbeitet, in der bildende Kunst verkauft wurde.

Rötzer: Bildende Kunst hat Sie aber im Vergleich zur Literatur offenbar nicht so wahnsinnig interessiert?

Wagenknecht: Sehr früh faszinierte mich die Renaissance-Malerei. Mit meiner Klasse war ich zur Abi-Abschlussreise in Leningrad, wie es damals noch hieß, und ich habe da zwei volle Tage in der Eremitage verbracht. Das war überwältigend. Aber es gibt dort so viel, dass selbst zwei Tage viel zu wenig sind. Es gibt Bilder, vor denen kann man einen halben Tag stehen und man entdeckt immer etwas Neues. Die Renaissance-Gemälde sind für mich Liebeserklärungen an die Menschheit, schon allein wie dort menschliche Details dargestellt und wie liebevoll sie gezeichnet werden – das ist eine wunderbare Kunst. In der modernen Kunst gibt es das auch noch, aber es gibt eben auch vieles, mit dem ich wenig anfangen kann.

Rötzer: War denn der sozialistische Realismus, der ja gegen die moderne Kunst und die Abstraktion an die klassische Kunst anschloss, für Sie interessant? Als Nachklang der Renaissance-Malerei?

Wagenknecht: Naja, kommt darauf an, was man darunter versteht, da gab es ja große Unterschiede: Werke von echter Tiefe und ziemlichen Schrott.

Rötzer: Kitsch?

Wagenknecht: Auch. Es gab aber in der DDR eine ganze Reihe bedeutender bildender Künstler, ich denke beispielsweise an die Leipziger Schule. Heute bewundere ich zum Beispiel Michael Triegel. Ich weiß nicht, ob Sie Triegels Bild von Papst Benedikt XVI. kennen. Das ist ein geniales Portrait, das mehr über den Portraitierten erzählt als ein ganzes Buch. Beeindruckend sind für mich auch die Werke von Anselm Kiefer. Er hatte mich vor einiger Zeit eingeladen, seine Bilder und Installationen in seinen großen Hallen bei Paris zu besichtigen. Das war unglaublich beeindruckend, eines der schönsten und außergewöhnlichsten Kunsterlebnisse, die ich je hatte.

Rötzer: Man kann aus Ihren Äußerungen ableiten, dass Sie von moderner Malerei, etwa vom abstrakten Expressionismus oder von Farbmalerei, weniger angetan sind. Ist das so?

Wagenknecht: Picasso war ein genialer Künstler. Aber heute tobt sich auf dem Kunstmarkt manches aus, was nach meinem Gefühl mit dem Begriff Scharlatanerie korrekter beschrieben wäre als mit dem großen Wort Kunst. Wenn etwa jemand wie Jeff Koons einen goldenen Hund herstellen lässt, der wie ein aufgeblasener Luftballon aussieht, und dieser für mehrere Millionen verkauft wird, dann ist das für mich eine rein kommerzielle Veranstaltung. Hier legen Superreiche ihr Geld in der Hoffnung an, dass sie es ein paar Jahre später vielleicht für noch mehr Geld verkaufen können. Aber Kunst? Das ist so etwas für mich nicht.

Rötzer: Künstler wie Koons sind natürlich auch eine Provokation der herrschenden Ästhetik und der Kunstszene. Die Logik der Provokation gehört zum modernen Kunstspiel. Man führt den Kitsch ein, weil man weiß, dass das zur Aufregung führt, die den Kitsch als ›Kunstwerk‹ gerade erst interessant macht und aufwertet. Das ist die Dialektik des Kunstmarkts, wo es nicht mehr auf den ›schönen Schein‹ ankommt.

Wagenknecht: Nun ja, es gibt ja auch Maler, die malen einen roten Punkt auf eine große weiße Fläche, und wenn sie einen Namen haben, verkauft sich das für Hunderttausende. Solchen ›Werken‹ kann ich nichts abgewinnen.

Rötzer: Die Malerei hat sich den Weg ins Abstrakte und Ungegenständliche auch deswegen gesucht, weil mit dem Aufkommen der Fotografie die bislang herrschende realistische Wiedergabe, soweit es die konkrete Welt und die Menschen betraf, obsolet und von einer anderen Technik übernommen wurde. Um noch eine ästhetische Eigenständigkeit zu haben, musste sich die Malerei überlegen, was sie jetzt macht, sie musste sich neu erfinden. Durch die neue Technik der Bildproduktion und die Konkurrenz zwischen den unterschiedlichen Medien entstand eine Wahnsinnsdynamik, also von Impressionismus, Expressionismus, Surrealismus bis hin zu allen Spielarten der Abstraktion und dem roten Punkt auf der weißen Leinwand. Können Sie mit dieser internen Logik der Kunstentwicklung etwas anfangen?

Wagenknecht: Ich bin überzeugt, dass die Fotografie echte, große Malerei nie überflüssig machen kann. Denn die bestand nie im fotorealistischen Abmalen realer Landschaften oder Menschen. So wie Triegel den Papst gemalt hat, hätte ihn nie ein Foto einfangen können. Es spricht ja auch nichts gegen die Abstraktion. Die Expressionisten haben großartige Werke geschaffen. Auch die Bilder und Installationen von Anselm Kiefer sind nur teilweise realistisch und in der Regel verfremdet, aber sie entfalten ihre Wirkung, da gibt es eine Aussage, eine tiefe Bedeutung. Manches dagegen, was heute verkauft wird, tut mir leid, da kann ich keinen Anspruch erkennen.

Große Kunst setzt eine außerordentliche Begabung des Schaffenden voraus. Deshalb kann man Kunst auch nicht demokratisieren. Es gibt immer nur wenige, die wirklich große Kunst schaffen können, und das Einzige, was man gesellschaftlich erreichen kann, ist, dass jeder, der dieses Talent hat, auch entdeckt wird und seine Begabung entwickeln kann, was ja heute nicht der Fall ist.

Natürlich war das früher auch nicht so. Wer im 18. Jahrhundert als Sohn eines Bauern geboren wurde, in dem konnte zehnmal ein Picasso stecken, er wäre trotzdem nur mit seinem Pflug über das Feld gelaufen. Das ist eine gesellschaftliche Frage, den Zugang kann man durchaus demokratisieren und muss es auch tun. Aber das Können, die Begabung, die kann man nicht demokratisieren, die hat einer oder er hat sie nicht. Das gilt ja auch für viele andere Bereiche, in denen außergewöhnliche Fähigkeiten verlangt werden.

Vor dem Studium

Rötzer: Konnten Sie denn Ihre Begabung zum kritischen und systematischen Denken frei entwickeln? Sie haben 1988 die Schule mit dem Abitur abgeschlossen. Hatten Sie da schon die Vorstellung, Philosophie studieren zu wollen?

Wagenknecht: Ja, natürlich, ich hatte mich ja für ein Philosophiestudium beworben. Ich habe Abitur auf einer EOS gemacht, einer Erweiterten Oberschule, so hießen damals die Gymnasien, die allerdings erst in der elften Klasse begannen. Bis dahin gab es eine gemeinsame Schule für alle. Schon zur EOS war ich trotz Einser-Zeugnis nur mit Schwierigkeiten zugelassen worden. Ich hatte mich nie durch gesellschaftliche Arbeit, wie das damals hieß, hervorgetan, also durch Funktionen oder besondere Aktivitäten im Rahmen der FDJ. Der Grund dafür war einfach, dass mich das nicht interessierte und mir auch nicht lag. Dadurch galt ich als politisch irgendwie zweifelhaft. Genau genommen stimmte das nicht. Ich hatte ja schon vor Abschluss der zehnten Klasse von Goethe über Hegel zu Marx gefunden. Von da an habe ich mich aus voller Überzeugung als Sozialistin verstanden. Das bedeutete allerdings nicht, dass ich die DDR gut fand, sondern dass ich die Verhältnisse in der DDR mit den Idealen der Väter und Mütter der sozialistischen Bewegung konfrontierte und in diesem Abgleich zu einem eher negativen Urteil über den damaligen Realsozialismus kam. Das habe ich auch ausgesprochen. Ich wurde daher als politisch nicht zuverlässig angesehen. Und deswegen war das dann schon schwierig mit dem Abitur.

Rötzer: Sie haben dann nach dem Abitur auch die militärische Ausbildung verweigert?

Wagenknecht: Zivilverteidigung hieß das, es war eine Art vormilitärischer Ausbildung während der EOS-Zeit.

Rötzer: Man könnte aus Ihren Bemerkungen schließen, dass Sie solche Organisationen wie die FDJ oder das Militär weniger aus ideologischen Gründen, sondern eher wegen ihrer Hierarchie ablehnten.

Wagenknecht: Ich fand schon damals alles schwer erträglich, was den Menschen seiner Individualität beraubt. Gerade diese vormilitärische Ausbildung, die zwei Wochen dauerte, war darauf angelegt, zu uniformieren und einem jede Privatsphäre, jede Individualität zu nehmen.

Wir waren in einem Lager, mit mehreren Mädchen in einem Zimmer. Tagsüber musste man Uniform tragen, und zum Essen wurde im Gleichschritt marschiert. Da war bei mir der letzte Rest von Appetit natürlich weg. Ich habe auch sehr darunter gelitten, dass es keine Rückzugsmöglichkeiten gab, keinen Ort, wo man mal allein sein konnte. Es waren nur zwei Wochen, da könnte man sagen, »Okay, das wird sie ja wohl überleben«, aber für mich war das wirklich schlimm. Dazu kam der militärische Drill. Wir mussten mit Gasmaske herumrennen und haben geübt, dass man sich, wenn die Atombombe fällt, hinter einen Erdhügel legen soll. Das sind auch nicht unbedingt Gedanken, mit denen man sich gerne beschäftigt. Man konnte sich dem auch nicht verweigern. Ich habe diese Übungen also notgedrungen mitgemacht, aber ich konnte unter diesen Bedingungen einfach nichts mehr essen, weil es mir elend ging. Das wurde mir als Protest ausgelegt, aber das war kein Hungerstreik, das war eigentlich nur ein Aufschrei. Aber im Ergebnis wurde festgestellt, ich sei nicht kollektivfähig.

Rötzer: Diese mangelnde Kollektivfähigkeit war dann auch das Ausschlusskriterium für das Studium?

Wagenknecht: Ja, ich bekam eine Beurteilung, dass ich mich doch erst einmal in einem Arbeitskollektiv bewähren sollte, bevor ich studiere. Dieses Arbeitskollektiv wurde mir dann auch zugewiesen, das war in der Verwaltung der Humboldt-Universität, wo ich als Sekretärin arbeiten sollte. Die Leute, mit denen ich da zu tun hatte, waren alle sehr nett zu mir, und ich hatte auch nicht viel zu arbeiten, also ein gemütlicher Job. Aber er bedeutete, dass ich statt Hegel und Kant zu lesen einen Schreibmaschinenkurs machen und dann Briefe und andere Schriftstücke abtippen musste. Unmittelbar vorher war mein Alltag aber dadurch bestimmt, dass ich mich weiter in die Philosophie eingelesen hatte und wusste, wie viel es da noch gibt, was ich noch nicht kannte. Ich hatte das Gefühl, dass mir die Lebenszeit wegläuft.

Das mag jetzt rückblickend seltsam erscheinen, wenn jemand erst 19 ist und das Gefühl hat, dass das Leben zerrinnt, wenn er ein Jahr lang keine philosophischen Schriften liest. Aber mir ging es so. Selbst wenn man eine Lebenszeit von achtzig, neunzig Jahren hat, ist ein Jahr ziemlich viel. Ich hatte damals die Vorstellung, meine Lebensaufgabe könnte sein, ein neues philosophisches System zu entwerfen, so wie Hegel, aber für die heutige Zeit. Ich wollte keine Zeit verlieren, um auf diesem Weg voranzukommen. Deswegen habe ich diesen Job nach drei Monaten gekündigt, weil er in meinen Augen Zeitverschwendung war. Danach habe ich Nachhilfeunterricht in Mathe und Russisch gegeben, um davon mein Leben zu finanzieren. In der Schulzeit hatte ich das auch schon oft gemacht, deswegen wusste ich, dass ich das kann.

Rötzer: Das war 1988. Spielte die Atmosphäre, dass es möglicherweise mit der DDR oder ihrer Regierung zu Ende gehen könnte, in Ihre Entscheidung oder Ihre Unfügsamkeit hinein?

Wagenknecht: Das war 1988 noch nicht abzusehen. Nur der Niedergang, die Versteinerung, das war spürbar. Ich war zunächst eine glühende Anhängerin von Gorbatschow, weil ich gehofft hatte, dass er solche Reformen voranbringt, wie ich sie mir gewünscht hätte. Ich habe damals nicht von der Wiedervereinigung geträumt, die Bundesrepublik war ja für mich ein fremdes Land, das ich gar nicht kannte. Ich habe mir gewünscht, dass die DDR sich so verändert und reformiert, dass sie das verkörpert, was ich unter Sozialismus verstand, dass sie attraktiv wird, dass die Leute sie gut finden, alle nur noch dort hinwollen und keiner mehr weg. Das war mein Traum. Dass Gorbatschow das einleiten könnte, war leider ein Irrtum. Aber damals war das meine Hoffnung.

Rötzer: Und diese Hoffnung wurde nicht von dem Verhalten des Systems Ihnen gegenüber erstickt, mit dem Zwang zu militärischem Drill und Kollektivverhalten?

Wagenknecht: Wenn man bei Marx oder Rosa Luxemburg nachliest, wie sie sich den künftigen Sozialismus vorstellten, dann hätte es all das ja nicht mehr gegeben. Für mich war Sozialismus die Realisierung dieser großen Ideale. Es war die Vorstellung einer Gesellschaft, in der die Leute menschlich miteinander umgehen, in der jeder seine Würde wahrt, wo jeder sich entwickeln und entfalten und keiner mehr den anderen ausbeuten kann. Das hatte ich mir unter Sozialismus vorgestellt. Von Ökonomie hatte ich damals noch wenig Ahnung, aber das war so das grobe Bild. Das hatte natürlich mit vormilitärischer Ausbildung, Uniformen, Zwang und anderen Dingen überhaupt nichts zu tun, es war das genaue Gegenteil. Deswegen habe ich die DDR auch immer wieder kritisiert, vor allem auch die Realitätsferne der damaligen politischen Führung.

Es gab Wandzeitungen, an die habe ich auch mal einen längeren Artikel drangeheftet, auch wenn er dann nicht allzu lange daran hing. Ich habe meine Kritik durchaus vorgebracht, allerdings schon immer sehr deutlich mit der Ausrichtung, dass ich nicht will, dass der Laden zusammenbricht, sondern dass er sich verändert. Das war meine Haltung. Als ich damals diese Arbeit an der Uni gekündigt habe, ging es vor allem darum, mir die ersehnten Freiräume zum Lesen schaffen zu können. Und ich habe auch nie wieder so viel Zeit für Lektüre gehabt wie in dem guten Jahr zwischen Herbst 1988 und Februar 1990, als ich dann endlich anfangen konnte zu studieren. In jener Zeit habe ich nahezu alle zentralen Werke der Weltphilosophie durchgearbeitet, also gelesen und mir danach Notizen gemacht und das Wichtigste rausgeschrieben. Das war ein unheimlich produktives Jahr, aber es ging mir trotzdem nicht gut. Ich wusste ja nicht, wie es weitergeht. Im schlimmsten Falle musste ich damit rechnen, dass ich nie die Chance haben würde, an eine Uni zu kommen, geschweige denn, eine akademische Laufbahn einzuschlagen.

Ich wollte später irgendwo arbeiten, wo ich die Beschäftigung mit der Philosophie zu meiner Profession machen konnte. Aber das war überhaupt nicht in Aussicht und das hat mich ziemlich belastet. Ich habe versucht, diese Gedanken mit einem dichten Tagesplan zu verdrängen, der eben morgens um zehn Uhr oder vielleicht auch später anfing, aber dann bis tief in die Nacht ging. Ich habe den ganzen Tag gelesen, alles Mögliche: Philosophie, Marx, von dem ich nach dieser Zeit fast alles kannte, und natürlich immer noch klassische Literatur. Philosophisch war es Hegel, der mich am meisten prägte. Ich finde Hegel bis heute genial, nicht nur wegen seines universellen Anspruchs, sondern auch wegen seiner Abrechnung mit dem Kapitalismus, der in seinem Werk unter dem Begriff ›bürgerliche Gesellschaft‹ vorkommt und ausgesprochen kritisch analysiert wird. In seiner Rechtsphilosophie etwa, in der Hegel Arbeitslosigkeit und soziale Kontraste vorhergesagt.

Lernen von den Meistern

Rötzer: Was haben Sie denn von Hegel zuerst gelesen?

Wagenknecht: Von Hegel habe ich zuerst die *Ästhetik* gelesen. Weil ich von der Literatur kam, war die *Ästhetik* für mich erst einmal das Interessanteste. Danach nahm ich mir die *Logik* und vor allem die *Geschichte der Philosophie* vor. Viele Philosophen habe ich danach erst einmal im Licht der Hegelschen Interpretation gelesen.

Rötzer: Wie Goethe war Hegel auch noch, zumindest dem Anspruch nach, ein Universalgelehrter. Goethe wollte neben Literatur oder Theater auch Naturwissenschaft betreiben, Hegel hatte hingegen den Anspruch, ein allumfassendes philosophisches System zu errichten. Sie sagten, Sie hätten selber mal den Traum gehabt, so ein System für die Gegenwart aufzustellen. Wäre so etwas überhaupt noch vorstellbar?

Wagenknecht: Unter Einbeziehung der Naturwissenschaften ganz sicher nicht mehr, weil die so spezialisiert sind, dass selbst ein Physiker, der in seinem Fachgebiet eine Koryphäe ist, schon in anderen Bereichen gar nicht mehr auf dem neuesten Stand der Forschung mitreden kann. Es ist völlig unmöglich, sich mal eben einen Überblick über die neuesten Entwicklungen in sämtlichen Naturwissenschaften zu verschaffen. Bei Hegel sind nicht zufällig die Bemerkungen über die Naturwissenschaft die am meisten veralteten, weil die Wissenschaft, auf die er sich bezog, schon seit langem überholt ist. In politischen und ökonomischen Fragen dagegen ist Hegel teilweise verblüffend aktuell.

Ein Denken, das Zusammenhänge begreift und in dem etwa auch die Ökonomie als eingebettet in historische Zusammenhänge, Traditionen und politische Institutionen verstanden wird, halte ich für sehr wichtig. Das Problem des heutigen Mainstreams in der Volkswirtschaftslehre ist ja gerade, dass es in ihm keine Geschichte und keine Politik gibt und Institutionen kaum behandelt werden. Die schönen eleganten mathematischen Gleichungen, die ewige Zusammenhänge beschreiben sollten, sind vielfach so sinnentleert und wirklichkeitsfremd, dass damit eben auch keine ernsthaften Voraussagen oder Erklärungen von Ereignissen möglich sind. Auch die Politikwissenschaft oder die Soziologie haben sich so separiert und teilweise ihre eigenen Codes entwickelt, die für Fachfremde kaum noch verständlich sind. In der Ökonomie ist das aber noch schlimmer, weil die Modelle auf Formeln beruhen, für deren Verständnis man höhere Mathematik braucht, sonst weiß man gar nicht, was da überhaupt gesagt wird, und kann natürlich auch nicht merken, auf welch tönernen Füßen die imposanten Modelle stehen. Dass es eine Volkswirtschaftslehre geben muss, die Soziologie, Geschichte und Politik einbezieht, um Zusammenhänge wirklich zu verstehen, finde ich absolut richtig und wichtig.

Es gibt immer wieder Werke, die das tatsächlich auch versuchen. Der französische Wirtschaftswissenschaftler Thomas Piketty ist beispielsweise kein Mainstream-Ökonom, der nur Formeln aufstellt, sondern in seinem Werk *Das Kapital im 21. Jahrhundert* versucht, ein Gesamtbild zu entwerfen und eine langfristige Entwicklung darzustellen. Auch die Ordoliberalen, Walter Eucken, Alexander Rüstow und andere, hatten noch eine politische Ökonomie. Früher hieß das tatsächlich *Politische Ökonomie*. Das war ein völlig richtiger Anspruch. Jetzt ist man der Überzeugung, man könne für alle Zeiten und alle Gesellschaften irgendwelche abstrakte mathematische Modelle entwerfen, aber das geht nicht.

Rötzer: Wie empfanden Sie die Zeit, nachdem Ihnen ein Studienplatz verweigert worden war?

Wagenknecht: Ich war hauptsächlich zu Hause und hatte nichts anderes als meine Bücher. Das war mein Leben. Durch die Umstände lebte ich natürlich auch sehr zurückgezogen. Alle meine ehemaligen Mitschüler waren an der Uni.

Rötzer: Die Punk-Zeit war schon vorbei?

Wagenknecht: Das war mit dreizehn, das war lange vorbei. Nein, ich hatte damals wenige Freunde, weil ich ja in keinen sozialen Bezügen mehr stand. Die einzigen Menschen, die ich regelmäßig getroffen habe, waren meine Nachhilfeschüler. Und ab und an meine Mutter und meine Großeltern. Ich habe zu dieser Zeit sehr zurückgezogen gelebt, aber ich habe eben diese Zeit dann auch maximal genutzt.

Rötzer: Gab es damals jemanden, mit dem Sie etwa über Hegel diskutieren konnten, jemand, der sich in der Philosophie auskannte?

Wagenknecht: Als ich das erste Mal Hegels *Logik* gelesen habe, war ich tatsächlich am Verzweifeln. Wenn keiner da ist, der einem etwas zur Hegelschen Logik sagen kann, dann ist sie kaum verständlich. Man kennt auch die Hintergründe nicht, so sollte man zum Beispiel Hegels *Geschichte der Philosophie* unbedingt vorher lesen, dann versteht man die *Logik* schon besser. Ich habe mich zunächst einmal an der *Logik* versucht, aber wenig verstanden. Der Einzige, den ich damals kannte, mit dem ich über so etwas reden konnte, war der Dramatiker Peter Hacks. Ich kannte ihn persönlich, weil ich seine Dramen großartig fand und ihn noch während meiner Abiturzeit angeschrieben hatte. Er hatte mir damals das Buch von Georg Lukács über Hegel empfohlen, um einen gewissen Zugang zu erhalten.

Rötzer: Haben Sie damals auch schon geschrieben, also versucht, das Gelesene in irgendeiner Weise umzusetzen?

Wagenknecht: Ich hatte damals immer das Prinzip, mir nach dem Lesen eines Buches ein Exzerpt zu machen, dazu habe ich natürlich auch immer eigene Gedanken aufgeschrieben. Aber ich habe keine eigenen Texte verfasst, weil ich erstens nicht das Gefühl hatte, dass ich schon so weit bin, und zweitens sowieso keine Möglichkeit gehabt hätte, etwas zu veröffentlichen. Diese Exzerpte habe ich alle noch, aber sie sind kaum leserlich, weil es damals noch keinen Computer gab und ich alles handschriftlich aufgezeichnet habe. Aus Nostalgie habe ich damals mit Feder und Tusche geschrieben. Das sieht wirklich schön aus, aber sehr leserlich war es nicht. Im Prinzip mache ich das bis heute so, wenn ich Bücher gelesen habe, die wirklich interessant sind oder in denen ich etwas wichtiges Neues finde.

Rötzer: Machen Sie das auch heute noch handschriftlich oder mittlerweile mit dem Computer?

Wagenknecht: Heute mache ich das mit dem Computer. So kann ich immer, wenn ich das Gelesene rekapitulieren will, mein Exzerpt anschauen. Während ich diese Stichpunkte mache, fange ich auch an, eigene Gedanken dazu aufzuschreiben. Diese Technik habe ich damals gelernt. Aber es war natürlich eine unglaubliche Befreiung, als ich dann endlich an die Uni kam und plötzlich mit Studierenden und Professoren reden und diskutieren konnte. Ich habe relativ frühzeitig auch Seminare gegeben, weil die Profs gemerkt haben, dass ich vieles bereits kannte. Schon kurz nach dem Studienbeginn konnte ich so den Studenten etwas erzählen. Heute heißt das Tutorium.

Seminare in klassischer Philosophie habe ich insofern weniger besucht als selber gegeben. Besucht habe ich Vorlesungen über die Dinge, die ich noch nicht kannte, beispielsweise über Wittgensteins Sprachphilosophie oder formale Logik.

Rötzer: Haben Sie denn auch Heidegger, Adorno oder andere Denker der Gegenwartsphilosophie in Westdeutschland verfolgt oder hat Sie das nicht interessiert?

Wagenknecht: Doch, Marcuse und Adorno habe ich im Studium gelesen, Heidegger kannte ich schon vor dem Studium. Ich hatte einige Bücher von Heidegger. In den Antiquariaten gab es vieles, ich habe ja meine Bücher überwiegend dort gefunden. Aber ich muss ehrlich sagen, dass ich nie einen Zugang zu Heidegger finden konnte. Ich fand ihn zunächst einfach düster und dann, als ich ihn verstanden habe, reaktionär.

Rötzer: Und zu Ernst Bloch mit seinem *Prinzip Hoffnung*, der müsste Ihnen doch eigentlich nahe gewesen sein?

Wagenknecht: Bloch habe ich gelesen, aber erst später. Bloch hat es in der DDR vielleicht nicht gegeben, weil er von einer Reise in die Bundesrepublik nie zurückgekehrt war.

Rötzer: Bestand anfangs eine enge Verzahnung zwischen Ihrem philosophischen Werdegang und der Politik? Hat sich das gegenseitig befruchtet?

Wagenknecht: Das politische Engagement war eine Konsequenz meines Weltbildes, das ich mir durch meine Lektüre von Philosophie und Literatur angeeignet hatte. Ich bin davon überzeugt, dass die Menschen eine bessere und gerechtere Gesellschaft verdienen, als sie sie heute haben, dass sie verdienen, in Verhältnissen zu leben, die ihre Würde nicht nur auf dem Papier, in schönen Verfassungen wahren, sondern in der Realität. Eine Gesellschaft, die auf Egoismus und rücksichtsloser Ellenbogen-Mentalität beruht, ist nicht menschlich, denn der Mensch ist ein soziales Wesen und im Kern eben kein rücksichtsloser Egoist. Es gibt Bereiche, wo man Wettbewerb braucht, keine Frage. Aber man muss dafür sorgen, dass die Wirtschaftsordnung es nicht einigen wenigen erlaubt, sich zu Lasten aller anderen schamlos zu bereichern. Eine gerechte Ordnung muss jedem die Chance geben, seine Begabung zu entdecken, sie zu entwickeln und sich hochzuarbeiten. Aber das leistet die Wirtschaftsordnung, in der wir derzeit leben, nicht.

Rötzer: Sie sind dann später von der Humboldt-Universität in Berlin nach Groningen in den Niederlanden zu Hans Heinz Holz gewechselt. Warum?

Wagenknecht: Damals hatten alle Professoren an den ostdeutschen Unis Angst, entlassen zu werden. Die Ost-Universitäten wurden, wie das so schön hieß, evaluiert, und die Betreuung einer Arbeit über Karl Marx konnte schnell das berufliche Aus bedeuten. In Groningen wird deutsche Philosophie auf Deutsch gelehrt, was ja auch sinnvoll ist, da sich Hegel sowieso kaum übersetzen lässt. Ich hatte alle Scheine beisammen und alle Prüfungen hinter mir und musste nur noch meine Abschlussarbeit schreiben. An der Groninger Uni hatte man zu Marx ein ganz entspanntes Verhältnis, und Hans Heinz Holz war ein renommierter Hegelforscher. So war das einfach eine gute Gelegenheit, das Thema zu wählen, das ich gerne wollte, nämlich das Verhältnis des jungen Marx zu Hegel.

Rötzer: Was interessierte Sie daran so besonders?

Wagenknecht: Ich finde, dass Hegel in der Rezeption, vor allem der eher links geprägten, Unrecht getan wird. Der junge Marx ist noch der unfertige Marx, der sich von Hegel loslösen, mitunter auch freikämpfen musste, weil er etwas Eigenständiges vorlegen wollte. Deswegen ist Hegel an einigen Stellen von ihm stärker kritisiert worden, als das meines Erachtens angemessen ist. Ich habe versucht herauszuarbeiten, an welchen Stellen Hegel tatsächlich mehr recht hatte als der junge Marx, wobei der ältere Marx das an vielen Stellen auch schon wieder anders gesehen hat.

Rötzer: Da könnte man aber sagen, das ist eine abgehobene Fragestellung.

Wagenknecht: Die Frage ist doch, was ist abgehoben? Philosophie ist immer ein bisschen abgehoben, wenn man das so nennen will. Aber ich finde, dass Philosophie eben auch bedeutet, über sehr allgemeine Zusammenhänge nachzudenken. Es geht bei der Hegel-Rezeption von Karl Marx um wissenschaftliche Methodologie, also etwa um das, was man damals unter Dialektik verstand. Das wurde oft mit der Formel »These, Antithese, Synthese« oder »A, nicht A und dann kommt irgendein Gemisch von beidem« banalisiert. Das sah Hegel ganz anders. Sein ›übergreifendes Allgemeines‹ ist eine sehr interessante philosophische Kategorie, weil sie ihr Gegenteil enthält, ohne eine kompromisslerisch dumme Beliebigkeit zu werden.

Das ist auch eine politische Frage, weil es einen Unterschied macht, ob ich beliebig bin und einfach keine Meinung habe und dann immer mit einem billigen Sowohl-als-auch argumentiere, um bei allen anzukommen und nirgends anzuecken. Oder ob ich mit einer klaren Überzeugung von einer bestimmten Position durchaus sehe, dass die gegenteilige Meinung auch eine Teilwahrheit enthält, vielleicht einen bestimmten Aspekt der ganzen Wahrheit, der es verdient, ernst genommen zu werden. Letztlich geht es darum, stets daran zu arbeiten, Einseitigkeit zu vermeiden und immer für möglich zu halten, dass auch die eigene Wahrheit nur eine Teilwahrheit ist. Dann bleibt man offen und kann sich auch weiterentwickeln, wenn es überzeugende Argumente gibt.

Der Beginn des politischen Lebens

Rötzer: Aber Ihr erster Schritt in die Politik kam noch vor dem Beginn Ihres Studiums. Sie traten vor der Wende in die SED ein.

Wagenknecht: Ja, 1989.

Rötzer: Das ist natürlich ein Rätsel nach den Erfahrungen, die Sie vorher in der DDR gemacht haben.

Wagenknecht: Nein, ich habe ja gesagt, ich verstand mich damals als Sozialistin. Ich wollte eine Gesellschaft, die den sozialistischen Idealen entsprach, nicht die damalige DDR, aber eben auch nicht die Bundesrepublik. Deshalb wollte ich nicht, dass die DDR kollabiert und verschwindet. In die SED bin ich eingetreten, als ich das Gefühl hatte, das diese Gefahr real wurde.

Rötzer: ... und mit ihr also auch nicht die Institution einer einzelnen herrschenden Partei?

Wagenknecht: Bei Marx, Luxemburg, Gramsci gibt es keine per Dekret herrschende Partei. Ich bin bis heute der Meinung, dass man eine repräsentative Demokratie braucht. Sie muss ergänzt werden durch direkte Demokratie, also durch direkte Abstimmungen über wichtige Fragen, das ist ganz entscheidend. Aber man kann nicht alles über Volksabstimmungen entscheiden. Eine repräsentative Demokratie ist schon sinnvoll, und dafür braucht es Parteien, die offen sind, sodass es eine echte Konkurrenz und unterschiedliche Konzepte gibt. Ich hatte nichts gegen Parteien, nur wollte ich eben eine echte Vielfalt und Wahlmöglichkeit und nicht das Ein-Parteien-System der DDR. Formal hatte die DDR zwar verschiedene Parteien, aber die Blockparteien waren Filialen der SED, teils noch angepasster und höriger.

Rötzer: Basierte der Eintritt in die SED dann auf der Entscheidung, dass Sie politisch aktiv werden wollten?

Wagenknecht: Nicht in dem Sinne, dass ich eine Parteikarriere angestrebt hätte, denn mir war sowieso klar, dass ich eigentlich nicht in die SED passte. Es war mehr das Gefühl, dass alles zerfällt und sich Veränderungen anbahnen, die alle Träume von einem reformierten Sozialismus für die nächsten Jahrhunderte erledigen könnten. Da habe ich mir gesagt: »Jetzt darfst du nicht einfach nur zu Hause sitzen und Bücher lesen, jetzt musst du versuchen, etwas mitzugestalten oder zumindest Gesicht zeigen.« Noch ein, zwei Jahre früher hätte mich die Partei wohl gar nicht genommen, ich war ja quasi ›asozial‹. So hieß das damals, wenn man kein ordentliches Arbeitsverhältnis hatte. So wie ich mein Geld verdiente, mit Nachhilfe von zu Hause aus, das war eigentlich nicht vorgesehen. Deshalb war es auch ganz schwierig, überhaupt eine Krankenversicherung zu bekommen. Aber im Frühjahr 1989 war es dann schon so, dass sie eigentlich froh waren über jeden, der noch in die Partei eintreten wollte. Ich bin in die Wohngebietsorganisation eingetreten, die hauptsächlich aus Rentnern bestand, weil in der DDR die Partei in den Betrieben organisiert war. Da waren auch noch echte Idealisten der ersten Generation dabei, die noch die Nazi-Zeit erlebt und dann auch ihre Hoffnung in die DDR gesetzt hatten, aber teilweise tief enttäuscht darüber waren, wie sich das alles entwickelt hatte. Die waren natürlich hocherfreut, dass da plötzlich eine junge Frau sich bei ihnen meldete, weswegen sie mich auch problemlos aufgenommen haben.

Rötzer: Aber das war es mehr oder weniger? Man konnte ja wahrscheinlich nichts machen, oder?

Wagenknecht: Nee, mehr war nicht drin.

Die Wende

Rötzer: Und wie haben Sie dann den Umbruch erlebt?

Wagenknecht: Zwiespältig. Auf der einen Seite hat der Umbruch mir die Freiheit gegeben, endlich studieren zu können, das war für mein Leben wahrscheinlich einer der wichtigsten Wendepunkte. Auf der anderen Seite ist aber alles zusammengebrochen, und von einer reformierten DDR konnte ich von nun an nicht mehr träumen. Noch 1989 im Herbst waren viele auf der Straße, die für einen besseren Sozialismus demonstriert haben. Das kippte dann im Winter, als aus dem Slogan »Wir sind das Volk« mehr und mehr »Wir sind ein Volk« wurde. Dann erst kamen auch die Deutschlandfahnen. Und dann die Wiedervereinigung.

Rötzer: Hatte dieses Umkippen der Stimmung für Sie auch etwas negativ Nationalistisches?

Wagenknecht: Ich glaube, von den Menschen war das nicht nationalistisch gemeint, sondern sehr materialistisch. Sie wollten die D-Mark. Sie konnten, nachdem die Mauer offen war, in die Kaufhäuser gehen, aber sie konnten nichts kaufen. Das war der Sog. Im Nachhinein zu sagen, dass das schon ein früher Ansatz der Pegida-Bewegung war, halte ich für abwegig. Das waren einfach Menschen, die sich gesagt haben, wir wollen den Konsum, wir wollen den Wohlstand wie im Westen, und die auch nicht groß darüber nachgedacht haben, was Arbeitslosigkeit und soziale Unsicherheit bedeuten, denn das kannten sie überhaupt nicht. Um Freiheit, glaube ich, ging es nur wenigen. Aber um die Nation auch nicht.

Es war tatsächlich in erster Linie der Wunsch nach einem materiell besseren Leben, nach mehr Konsum, der auch verständlich war, weil sich die Leute in der DDR vieles nicht kaufen konnten.

Es war ja nicht so sehr das Problem, dass man kein Geld hatte, sondern was man mit seinem Geld am Ende kaufen konnte. Der ständige Mangel hat natürlich genervt. Und die Vorstellung, alles, was man haben will, auch kaufen zu können, war verführerisch. Dass es dann bei vielen nicht an Kaufgelegenheiten, sondern am Geld fehlen könnte, weil die Arbeitslosigkeit im Osten nach der Wende explodierte, war damals noch kein Thema.

Rötzer: Sie konnten nach der Wende nicht nur ein Studium beginnen, sondern traten in die PDS ein. War das eine natürliche Konsequenz Ihrer Mitgliedschaft in der SED?

Wagenknecht: Nein, ich war ja über ein Jahr politisch aus allem raus. Ich musste mich auch erst mal wiederfinden und neu orientieren. Plötzlich lebte ich in der Bundesrepublik, der Begriff des Sozialismus schien für lange Zeit diskreditiert, und alle Hoffnungen auf eine Reformierbarkeit der DDR hatten sich zerschlagen. Die allgemeine Stimmung war von Markteuphorie geprägt, Privatisierungen fanden damals die meisten gut, der Kapitalismus stand als Sieger der Geschichte da.

Ich habe mich also zunächst mal auf mein Studium konzentriert, das ich jetzt endlich aufnehmen konnte. Relativ bald habe ich mich aber irgendwie unehrlich dabei gefühlt, trotz meiner Kritik an den Verhältnissen auf jedes politische Engagement zu verzichten. Deswegen habe ich mich dann bei der PDS gemeldet und kurz darauf, im Dezember 1991, für den Parteivorstand kandidiert. Das war eigentlich direkt im Anschluss an die Entscheidung, politisch aktiv zu werden.

Rötzer: Sie wurden auch gleich direkt in den Parteivorstand gewählt. Wie war denn damals die Stimmung in der PDS, verglichen mit der heutigen LINKEN?

Wagenknecht: Man kann die damalige PDS nicht mit der heutigen LINKEN vergleichen, sie war noch sehr stark von der DDR geprägt und eine reine Ostpartei. Zwar hatten die Opportunisten, die der SED nur aus Karrieregründen angehört hatten, das Weite gesucht, weil man als PDS-Mitglied natürlich keine großen Karriereaussichten mehr hatte. Geblieben waren vor allem die Älteren, die vielfach gar nicht mehr berufstätig waren. Und dann gab es einen gewissen Anteil junger Leute, die aus Idealismus oder aus der Überzeugung dabeiblieben, dass der Untergang der DDR den Kapitalismus noch lange nicht zu einer gerechten, zukunftsfähigen Wirtschaftsordnung macht. Und natürlich gab es auch frühere Funktionsträger, die sich in der PDS weiter engagierten und teilweise in Führungsfunktionen aufstiegen.

Rötzer: War man damals eher auf den Erhalt alter Strukturen aus?

Wagenknecht: Es gibt bis heute die Diskussion, ob man die Partei damals nicht lieber ganz neu hätte gründen sollen. Das ist vergossene Milch und heute, 27 Jahre später, auch keine relevante Frage mehr. Manche in der PDS hatten vor allem das Ziel, in dem neuen System anzukommen. Das war menschlich verständlich, aber das ist natürlich nicht gerade das, was eine linke Partei ausmacht.

Politik im Westen

Rötzer: Gab es denn von Anfang an Beziehungen zu politisch Gleichgesinnten in Westdeutschland?

Wagenknecht: Die PDS hat immer wieder versucht, im Westen Fuß zu fassen, aber sie wurde da nie heimisch. Sie war bis zum

Schluss eine Partei, deren Mitglieder und Wähler großenteils aus dem Osten kamen und die bei Wahlen im Westen eigentlich nie über Null-Komma-Ergebnisse hinausgekommen war. Aber die PDS wurde nicht nur von außen als Ostpartei wahrgenommen, sie wollte das eigentlich auch sein. Das war immer ein gewisser Widerspruch zu den gleichzeitigen Versuchen, sich im Westen zu verankern.

In den Jahren nach der Wiedervereinigung unterschieden sich die Lebensverhältnisse und auch das Lebensgefühl in Ost und West noch weit gravierender als heute. Es gab ein legitimes Bedürfnis, dass wenigstens eine Partei die spezifischen Interessen der Ostdeutschen vertritt. Dafür wurde die PDS von vielen gewählt. Aber wer sich als spezifische Vertretung der Ostdeutschen versteht, kann natürlich schlecht im Westen gewinnen. Ich weiß noch, wie ich 1998, als ich für das Direktmandat in Dortmund kandidierte, stolz wie ein König auf mein Erststimmenergebnis von 3,3 Prozent war. Das war damals das beste Erststimmenergebnis im ganzen Westen. Aber das sagt eigentlich alles.

Rötzer: Warum haben Sie ausgerechnet in Dortmund versucht zu kandidieren?

Wagenknecht: Ich wollte einfach eine klassische Ruhrgebietsstadt mit ihrer Gesellschaftsstruktur, aber auch mit ihren sozialen Brennpunkten und Problemen kennenlernen. Den Osten kannte ich, der Westen war für mich viel spannender. Außerdem war ich überzeugt, dass nur eine Linke, die in ganz Deutschland verankert ist, in der Bundespolitik ein wirklicher Faktor werden kann und eine Zukunft hat. Dass sich die Unterschiede zwischen Ost und West irgendwann angleichen werden und es für jüngere Generationen keine relevante Frage mehr sein wird, ob sie in Leipzig oder in Lüdenscheid das Licht der Welt erblickt haben, war absehbar.

Rötzer: Wie empfanden Sie den Wahlkampf im Westen? Kannten Sie das Ruhrgebiet denn?

Wagenknecht: Nein, ich kannte es damals kaum. Der Wahlkampf war natürlich ein unglaublich prägendes Erlebnis für mich. Ich war zum ersten Mal bei den Rotariern oder im Lions Club. Auf der anderen Seite besuchte ich Arbeitsloseninitiativen und sprach mit Langzeitarbeitslosen. Ich traf alleinerziehende Frauen, die seit der Geburt ihres Kindes keinen Job mehr finden konnten, auch weil die Kita-Angebote so schlecht waren. Natürlich trat ich auch bei Gewerkschaften auf. Im Osten sind die Gewerkschaften noch heute sehr viel schwächer organisiert. Damals waren sie noch gar kein Faktor. Das waren also alles Milieus, denen man im Osten überhaupt nicht begegnen konnte.

Rötzer: Haben diese neuen Erfahrungen auch Ihr Denken verändert?

Wagenknecht: Sie haben mir einen Blick dafür gegeben, wie verschieden die Erfahrungswelten und Lebensrealitäten damals noch waren. Ein klassisches Missverständnis ist, dass der eine etwas sagt und der andere genau das Gegenteil dessen versteht, was gemeint ist, weil man unter den gleichen Begriffen Verschiedenes versteht. In diesem Wahlkampf 1998 habe ich zum ersten Mal gemerkt, dass der Begriff Kommunismus im Westen ganz anders verstanden wird als im Osten, nämlich als Synonym für die DDR oder die Sowjetunion, was im Osten überhaupt nicht der Fall war. Die DDR hat sich selbst ja nie als kommunistisch bezeichnet, und entsprechend stand der Begriff im Osten auch nicht dafür. Für Marx war der Kommunismus eine ferne Utopie, eine humane Gesellschaft, in der es kein Geld mehr gibt, weil jeder sich nur das holt, was er braucht, und alle solidarisch miteinander umgehen. Auch Marx wusste, dass so nicht die unmittelbare Alternative zum Kapitalismus aussehen konnte. Auf jeden Fall hatte das mit dem System der DDR nun wirklich nichts zu tun. Im Westen wird Kommunismus dagegen genau so verstanden: als Synonym für das gescheiterte System. Unter einem Kommunisten versteht man deshalb einen Menschen, der die DDR oder die Sowjetunion wiederhaben möchte. In diesem Sinne war ich nie ein Kommunist, aber ich hatte mich damals so bezeichnet, weil der Begriff für mich schlicht für konsequent linke Positionen stand.

Rötzer: Sie waren für längere Zeit ein leitendes Mitglied der Kommunistischen Plattform. War das auch eine Art der Provokation, nun gerade nach der Wende als Kommunistin aufzutreten?

Wagenknecht: Zum einen war ich damals voller Trotz und Wut. Ich hatte erlebt, dass viele, die die DDR während ihrer Existenz rosarot gemalt und noch die absurdesten Fehlentwicklungen verbissen verteidigt hatten, plötzlich vom Saulus zum Paulus wurden. Jetzt war die Bundesrepublik rosarot und die DDR-Vergangenheit nur noch rabenschwarz. Mit solchem Opportunismus wollte ich nichts gemein haben. Ich begann daher tatsächlich, die DDR zu verteidigen.

Stellen Sie sich vor, Sie hatten einen Onkel, der ein ziemlich schwieriger und schwer erträglicher Mensch war. Dennoch haben Sie auf Familiengeburtstagen immer wieder erlebt, dass sämtliche Verwandten diesem Onkel mit schmeichelnder Unterwürfigkeit begegneten, vielleicht weil er ein reicher Mann war und ab und an einen ausgab. Dann stirbt dieser Onkel. Und auf dem nächsten Familiengeburtstag ziehen alle die, die ihm vorher in den Allerwertesten gekrochen waren, aufs Bösartigste über ihn her: Was er doch für ein schlimmer, arroganter, böser Mensch gewesen sei, mit dem man es wirklich gar nicht aushalten konnte. Und angewidert von diesem charakterlosen Verhalten fangen Sie plötzlich an, den toten Onkel zu verteidigen, ja in höchsten Tönen zu loben, was Ihnen zu dessen Lebzeiten nie in den Sinn gekommen wäre. So fühlte ich mich damals. Ich habe aus Wut und Trotz, um mich von den Karrieristen abzugrenzen, nicht nur das DDR-System, sondern sogar die Mauer verteidigt.

Die Äußerungen aus dieser Zeit – also wir reden über die erste Hälfte der Neunziger – hängen mir meine politischen Widersacher bis heute an. Aber ehrlich gesagt: Auch wenn das im Nachhinein betrachtet natürlich politisch großer Blödsinn und auch reichlich unreif war, ich hatte damals das Gefühl, ich müsste das tun, um nicht Teil des opportunistischen Zeitgeistes zu werden, und dafür schäme ich mich nicht. Ich habe immer vertreten, was ich für richtig hielt. Damals hielt ich es für richtig, das Gegenteil dessen zu sagen, was nahezu alle sagten, weil ich deren Motivation für zutiefst unehrlich hielt. Das galt übrigens nicht nur für Wendehälse im Osten. Auch Helmut Kohl hatte Honecker noch 1986 auf dem roten Teppich empfangen, in den Neunzigern ließ er ihn ins Gefängnis werfen. Das war alles nicht ehrlich und auch nicht sehr anständig. Und zwar ganz unabhängig davon, wie man Honeckers Politik und die DDR beurteilt.

Dass ich mich zu Beginn der 90er Jahre in der Kommunistischen Plattform engagiert habe, geschah allerdings aus einem Verständnis von Kommunismus heraus, das wenig mit DDR-Nostalgie zu tun hatte. Ich sah mich mit dieser Haltung auf einer Linie mit Persönlichkeiten wie Rosa Luxemburg, die sich ja auch als Kommunistin verstand und die Kommunistische Partei mitbegründet hat. Rosa Luxemburgs Schriften hatten meine politischen Positionen sehr geprägt. Sie war eine großartige Frau, die sich nie verbiegen ließ, sie war stark und kämpferisch und zugleich unglaublich sensibel. Sie hat deshalb auch unter den wiederholten

Gefängnisaufenthalten, zu denen sie wegen ihres politischen Engagements verurteilt wurde, sehr gelitten. Erst später ist mir klargeworden, dass Kommunist im Westen ein Begriff ist, mit dem die Menschen etwas ganz anderes verbinden.

Rötzer: Sie haben also irgendwann aufgrund dieses Missverständnisses im Westen nicht mehr vom Kommunismus gesprochen? Auch in der LINKEN scheint dieser Begriff weitgehend verbannt zu sein.

Wagenknecht: Er ist nicht verbannt. Es gibt auch in der heutigen Linken Mitglieder, die sich als Kommunisten verstehen, aber in dem Sinne, wie ich es für mich damals geschildert habe. Das ist kein Nostalgiker-Club, der den Untergang der DDR beweint.

Rötzer: Im Parteiprogramm der LINKEN kommt der Begriff Kommunismus nicht mehr vor.

Wagenknecht: Die LINKE ist ja auch eine neue Partei, die anders als die alte PDS keine Ostpartei mehr ist. Sie hat neue Köpfe und viele neue Mitglieder und ist gesamtdeutsch geprägt. Und ich muss sagen: Ich bin immer dafür, dass man konkret sagt, was man will, anstatt die Leute mit Begriffen zu verprellen, die für sie eben negativ besetzt sind. Man nährt sonst nur Vorurteile und macht es den Gegnern leicht. Von denen wird die Unterstellung sowieso gern gepflegt, wir wären immer noch Anhänger der alten Sowjetunion und würden uns beispielsweise nur deshalb für ein besseres Verhältnis zu Russland einsetzen, weil wir nicht begriffen hätten, dass Putins Russland nicht mehr die alte Sowjetunion ist. Das ist völlig absurd, aber es wirkt.

Wenn man der Meinung ist, dass Frieden und Sicherheit in Europa nur mit Russland und nicht gegen Russland gewährleistet werden können, muss man den russischen Oligarchen-Kapitalismus oder den Regierungsstil von Putin deshalb noch lange nicht gut finden. Tatsächlich haben sich von Willy Brandt über Helmut Schmidt bis zu Helmut Kohl und sogar Gerhard Schröder viele deutsche Kanzler um ein Verhältnis der guten Nachbarschaft zu Russland bemüht, weil sie verstanden haben, wie wichtig das für den Frieden in Europa ist. Und wahrscheinlich auch im Wissen um unsere eigene Geschichte. Auf jeden Fall hatten sie in diesem Punkt recht. Es ist fahrlässig, dass Angela Merkel eine derartige Verschlechterung in den deutsch-russischen Beziehungen zugelassen hat und deutsche Soldaten inzwischen wieder an der russischen Grenze stationiert sind. Wir sollten nie vergessen: Der verheerendste und mörderischste aller Kriege gegen Russland ist von Deutschland ausgegangen, und das ist noch keine hundert Jahre her. Und dennoch hat Russland 1990 seine Soldaten aus Ostdeutschland und Osteuropa zurückgezogen und dadurch die Wiedervereinigung erst möglich gemacht. Freiwillig! Keine Macht der Welt, nicht die NATO, nicht die USA und schon gar nicht die deutsche Regierung hätte damals ihren Abzug erzwingen können.

Rötzer: Die alleinige Zielscheibe solcher Vorwürfe sind Sie allerdings nun auch wieder nicht. Es gab auch immer Kritik an Seehofer, dass er eine Freundschaft zu Putin pflege, weil sie ähnlich autoritäre Politiker sind.

Wagenknecht: Stimmt, sie haben das auch bei ihm kritisiert, aber nie so denunziatorisch wie bei uns. Wir haben beispielsweise auch die schlimmen russischen Bombardements in Aleppo immer kritisiert, aber natürlich dazu gesagt, dass, wer diese Angriffe ablehnt und sich darüber empört, nicht selber Bomben werfen darf. Trotzdem gab es zig Artikel, in denen stand, die LINKE kritisiere

Putins Bomben nicht. Wird das immer wieder vorgebracht, läuft es nach dem schon von George Orwell erkannten Prinzip: Jede Lüge wird zur Wahrheit, wenn sie nur oft genug wiederholt wird. Es bleibt dann hängen und setzt sich fest.

Rötzer: In den letzten Jahren fällt auf, dass der Dualismus immer stärker wird: Man muss entweder Pro oder Anti sein, eine Position dazwischen scheint es auch im Journalismus kaum noch zu geben. Ist das der Ausdruck einer verschärften ideologischen Lage?

Wagenknecht: In den letzten Jahren ging viel Pluralität in den Medien verloren. Inzwischen gehören in Deutschland 95 Prozent aller Zeitungen und Magazine fünf großen Konzernen. Das ist doch eine Konzentration von Meinungsmacht, die eigentlich überhaupt nicht mit einer offenen demokratischen Gesellschaft vereinbar ist. Und hinter den großen Medienkonzernen stehen die wirtschaftlichen Interessen der Milliardäre, denen sie gehören. Friede Springer oder Liz Mohn von Bertelsmann haben wohl kaum ein Interesse an einer Vermögenssteuer oder einem Ausbau des Sozialstaats. Bei der Vermögenssteuer haben die Superreichen es durch ihre Kampagne geschafft, eine Forderung, die noch Ende der 1990er Jahre von vielen Parteien unterstützt wurde – immerhin hat selbst Kohl die Vermögenssteuer bis 1997 nicht angetastet –, in eine politische Pfui-Ecke zu verbannen, wo sich keiner mehr hinwagt. Heute ist die LINKE die einzige Partei, die noch an dieser klassisch sozialdemokratischen Forderung festhält. Aber wer heute noch eine Vermögenssteuer fordert, erscheint plötzlich als Radikalinski, dem man nicht über den Weg trauen kann.

Rötzer: Es heißt ja immer, dass eine Vermögenssteuer nicht funktioniert, kaum was einbringt und nur einen bürokratischen Aufwand erzeugt.

Wagenknecht: Und warum haben andere Länder dann durchaus hohe Einnahmen aus ihren Vermögenssteuern? Genau das, was Sie eben über die Vermögenssteuer gesagt haben, könnte man mit weit mehr Berechtigung über die akribischen Kontrollen von Hartz-IV-Empfängern sagen. Wenn man nachguckt, ob eine zweite Zahnbürste da ist oder ob jemand ein Geldgeschenk von zwanzig Euro auf seinem Konto bekommen und vielleicht nicht angegeben hat, geht es in der Regel um kleinste Beträge und einen großen Aufwand. Bei den Vermögen ist das nicht so, weil riesige Vermögen in wenigen Händen konzentriert sind. Da würde sogar schon eine geringe Steuer enorme öffentliche Einnahmen bringen.

Rötzer: Wir wissen ja noch nicht einmal, welches Vermögen tatsächlich vorhanden ist.

Wagenknecht: Weil niemand diese Daten erhebt. Aber das ist doch gerade das Problem. Der erste Schritt nach der Französischen Revolution war der Aufbau von Katasterämtern, um das Grundvermögen zu erfassen. Da der Adel vorher keine Steuern zahlte, gab es natürlich auch keine Angaben dazu. Heute ist Grundvermögen einigermaßen erfasst, aber alle anderen Vermögensarten werden gar nicht abgefragt. Wenn es eine Vermögenssteuer gäbe, müsste natürlich jeder, dessen Vermögen eine gewisse Schwelle übersteigt – sagen wir, eine Million Euro – in seiner Steuererklärung dazu Angaben machen. Wer Teile des Vermögens verschweigt, weil sie beispielsweise im Ausland liegen, macht sich strafbar. Gibt es dann einen Datenaustausch der Banken und das fliegt auf, hat er ziemlichen Ärger am Hals. Natürlich wird es immer Leute geben, die durch falsche Angaben Steuern zu hinterziehen versuchen, das gilt aber bei jeder Steuer. Die Schwarzarbeit ist ja auch kein Argument, deshalb die Mehrwertsteuer abzuschaffen.

Also mit der Möglichkeit kriminellen Verhaltens kann man nicht ernsthaft gegen die Einführung einer bestimmten Steuer argumentieren. Die viel wichtigere Frage ist doch: Welche Steuern sind sinnvoll, weil sie das Geld bei denen holen, die mehr als genug davon haben, und welche Steuern sollten tatsächlich sinken, weil sie vor allem Mittel- und Geringverdiener belasten.

III. Politik:
Was ich erreichen möchte

Rötzer: Mittlerweile sind wir wieder in der Gegenwart angekommen. Es wäre noch interessant zu wissen, wie sich Ihre Vergangenheit und insbesondere Ihre Ausbildung auf Ihre Politik auswirken. Hat Ihre Beschäftigung mit der Philosophie beispielsweise eine Bedeutung, wenn Sie in Talkshows eingeladen werden?

Wagenknecht: Naja, die Talkshow ist eher die Bühne der einfachen Wahrheiten. Für allzu viel Differenzierung reicht da oft die Redezeit nicht, weil einen schon längst wieder ein anderer Teilnehmer unterbrochen hat. Aber den Respekt gegenüber anderen Positionen, den sollte man natürlich auch in einer Talkshow wahren und das auch zeigen. Auch wenn es, zugegeben, manchmal Situationen gibt, wo das schwerfällt, weil man ein Gegenüber hat, das die Ebene unter der Gürtellinie bevorzugt. Es geht also eher um eine Grundhaltung im Leben.

Obwohl ich Hegel gelesen hatte, habe ich lange gebraucht, bis ich ihn in diesem Punkt wirklich verstanden hatte und dahin kam, Positionen, die ich nicht für richtig halte, trotzdem ernst zu nehmen und eventuell auch ihren rationalen Kern zu sehen. Mit zwanzig war ich der Meinung, dass viele Andersdenkende einfach Idioten sind, die es eben nicht begriffen haben, und ich bin wohl auch so aufgetreten. Vielleicht ist das auch normal, wenn man jung ist. Aber so sollte man nicht durchs Leben gehen. Nicht nur, weil man dann ein ziemlich unerträglicher Mensch ist. Sondern auch, weil man damit Dinge aus seiner eigenen Weltsicht ausblendet, die sie bereichern würden.

Ich kann das konkret machen: Ich war zum Beispiel lange Zeit der Meinung, dass Konkurrenz als konstitutives Prinzip der Wirtschaft überwunden werden sollte, weil der Mensch dadurch in seinen Mitmenschen Gegner sieht, was einem solidarischen Miteinander entgegensteht. Irgendwann habe ich begriffen, dass jede vernünftige Wirtschaft Wettbewerb braucht. Aber er muss fair sein, das heißt so, dass wirklich die überlegene Leistung den Ausschlag gibt und man sich Vorteile nicht durch Marktdominanz oder ähnliches erschleichen kann. Und es gibt Bereiche, wo Wettbewerb, Markt und Kommerz keinen Platz haben, nämlich überall da, wo es um menschliche Grundbedürfnisse geht.

Ich bin, um ein anderes Beispiel zu geben, zudem bis heute überzeugt und vertrete auch ökonomisch die Position, dass wir eine andere Wirtschaftsordnung brauchen, die verhindert, dass ein kleiner Teil der Gesellschaft die wirtschaftlichen Ressourcen als Privateigentum besitzt, weil das unweigerlich zu Missbrauch, Abhängigkeit und Ausbeutung führt. Daher muss man das wirtschaftliche Eigentumsrecht verändern. Früher dachte ich: »Na gut, die Alternative ist, dass alles vergesellschaftet wird, alles dem Staat gehört.« Das funktioniert aber auch nicht, weil es dann keine Anreize mehr gibt, Leistung zu erbringen, und der Staat auch zu starr und zu unbeweglich ist, sich um kommerzielle Unternehmen zu kümmern. Das ist auch nicht seine Aufgabe. Deshalb braucht es eine Alternative jenseits des alten Gegensatzes von Staatswirtschaft und Privatwirtschaft. Wie die aussehen könnte, habe ich in meinem jüngsten Buch dargelegt.

Die Überwindung des Kapitalismus

Rötzer: Aber was steht denn für Sie hinter der Konkurrenz? Ihr letztes Buch trägt den Titel *Reichtum ohne Gier*. Ist es denn Gier, besonders nach Anerkennung und Macht, die hinter dem Prinzip der Konkurrenz steht?

Wagenknecht: Konkurrenz ist ein ökonomisches Prinzip. Die Unternehmen konkurrieren miteinander um Märkte, und wer nicht mithalten kann, scheidet aus. Konkurrenz kann man auch zwischen Arbeitnehmern beobachten, solange es hohe Arbeitslosigkeit oder – wie heute in Deutschland – viele prekäre Jobs gibt. Natürlich konkurrieren dann die Menschen um die wenigen guten Arbeitsplätze. Manche Formen der Konkurrenz kann und sollte man nicht überwinden. Unternehmen müssen miteinander im Wettbewerb stehen, weil es sonst zu wenig Druck gibt, innovativ und produktiv zu sein und sich an den Bedürfnissen der Kunden zu orientieren. Das sehen wir ja teilweise schon bei sehr großen Unternehmen mit starker Marktmacht: Der Kundenservice ist eine Abteilung, bei der gern gespart wird, am Ende hängt man immer in irgendwelchen Warteschleifen und unterhält sich mit Computern, wenn man eine Reklamation oder ein anderes Anliegen hat.

In vielen Bereichen ist die Auswahl heute extrem eingeschränkt: Wenn ich ein Smartphone kaufen oder in Deutschland einen Festnetzanschluss haben will, muss ich mich letztlich zwischen zwei großen Anbietern entscheiden. Es gibt in vielen Branchen keinen funktionierenden Wettbewerb mehr. Noch schlimmer wird es, wenn Bereiche privatisiert werden, in denen es ohnehin keinen richtigen Wettbewerb geben kann. Krankenhäuser etwa stehen nicht in einem kommerziellen Wettbewerb, denn wie sollen die Leute denn beurteilen, in welchem die Knie-OP besser ist. Oder beim Wohnen. Eine Wohnung ist doch kein Apfel, den ich morgen bei einer anderen Marktfrau kaufe, wenn die bisherige Lieferantin mir zu teuer geworden ist. Es ist sehr mühsam, eine Wohnung zu wechseln. Im Extremfall macht man das, aber garantiert nicht häufig, und damit ist der Mieter in einer ziemlichen Abhängigkeit vom Vermieter. Wenn einfach zu wenige bezahlbare Wohnungen gebaut werden und so die Mieten überall steigen, ist der Mieter erst recht der Verlierer. Es gibt also Bereiche, wo private Profitorientierung als dominierendes Prinzip zu ziemlich fatalen Ergebnissen führt.

Ebenso muss man verhindern, dass Beschäftigte wehrlos den Wünschen der Arbeitgeber ausgesetzt werden, weil es auch da ein Ungleichgewicht gibt: Solange wir keine echte Vollbeschäftigung haben, hat der Unternehmer immer mehr Macht als der Beschäftigte, der ja darauf angewiesen ist, einen Job zu finden. Je weniger sichere, gut bezahlte Arbeitsplätze es gibt, desto größer wird diese Macht. Die früheren Regeln am Arbeitsmarkt in Deutschland hatten die Beschäftigten gestärkt, die Agenda 2010 hat das dann mit den prekären Jobs, der Zeitarbeit oder den vielen befristeten Arbeitsverhältnissen völlig zum Nachteil der Arbeitnehmer gekippt.

Rötzer: Das Prinzip der Konkurrenz geht allerdings tiefer als die Konflikte zwischen Arbeitnehmern und Arbeitgebern. Konkurrenz fängt schon im Kindesalter an: bei den Noten, wer schneller ist, wer dies und jenes besser machen kann, wer größere Aufmerksamkeit erzielt.

Wagenknecht: Aber Kinder müssen ja auch eine Bewertung ihrer Leistung bekommen. Sonst können sie gar nicht einordnen, wo sie stehen. Ich halte wenig von Schulen ohne Noten. Aber die Frage ist, was den Kindern als übergeordneter Wert vermittelt wird. Sollen sie nur danach streben, besser zu sein als andere, oder sollten sie sich auch darum kümmern, wie es den anderen geht?

Mit einem Wertesystem, das schon frühkindlich vermittelt, dass man ausschließlich auf sich selbst schauen soll, während das Schicksal der anderen einem möglichst egal zu sein hat, erzieht man die Kinder zu einer anderen Lebenshaltung, als wenn man ihnen schon frühzeitig nahebringt, sich auch um die Schwächeren zu kümmern und ihnen zu helfen.

Klar, als Kind habe ich mich auch immer gefreut, wenn ich Klassenbeste war, obwohl ich mich dafür nicht mal besonders anstrengen musste. Es ist normal, dass sich Kinder an anderen messen, aber es ist eben die Frage, ob sie sich trotzdem auch für die anderen und deren Probleme interessieren.

Rötzer: Im *Kommunistischen Manifest* wird recht anschaulich und drastisch beschrieben, wie alle ständischen Strukturen verdampfen, sodass sich nur noch zwei Klassen gegenüberstehen. In einem finalen Kampf erfolgt schließlich der Übergang zum Kommunismus. Heute haben wir allerdings im Unterschied zum 19. Jahrhundert die Situation, dass man weder von einem Proletariat noch einer anderen gemeinsamen, großen Klasse gegenüber den Kapitalisten reden könnte.

Wagenknecht: Wir haben diese gesellschaftliche Spaltung auch heute noch: Da gibt es einerseits das obere eine Prozent, das nahezu ausnahmslos über großes Betriebsvermögen verfügt. Ihm gegenüber stehen die 99 Prozent, die nur von ihrer eigenen, aber nicht von anderer Leute Arbeit leben können.

Rötzer: Gut, aber die Abhängigen sind ja keine geknechteten Fabrikarbeiter mehr.

Wagenknecht: Heute sind es eben Arbeitnehmer unterschiedlichster Art mit Fest- oder Zeitverträgen und Minijobber. Viele sind auch kleine Selbständige, die oft in einer völligen Abhängigkeitssituation arbeiten, auch wenn sie formal selbständig sind. Sie sind sogar besonders schlimm dran, weil sie noch nicht mal Anspruch auf Mindestlohn und überhaupt keine soziale Absicherung haben.

Rötzer: Aber sie haben keine kollektive Macht mehr, oder? Viele sind vereinzelt, sitzen vor ihren Computern und arbeiten selbständig.

Wagenknecht: Die Frage ist, wie man sie organisieren kann. Die Gewerkschaften wären ja eigentlich in der Pflicht, über die Kernbelegschaften hinaus zu organisieren, also auch die Leiharbeiter, die Minijobber und die Befristeten einzubeziehen, die großenteils nicht mehr gewerkschaftlich organisiert sind. Aber weil die Gewerkschaften mit den Betriebsräten großer Konzerne zuweilen den Fehler machen, ihre Politik vor allem auf die Verbesserung der Situation der Kernbelegschaften auszurichten, sehen sich die anderen von ihnen teilweise nicht mehr als vertreten an. Und natürlich ist es objektiv schwierig, keine Frage, einen so heterogenen Arbeitsmarkt zu organisieren. Und das ist ein großes Problem, weil beispielsweise die Streikfähigkeit der Gewerkschaften untergraben wird, wenn sie in einem Betrieb nur noch die Stammbelegschaften zum Streik aufrufen können. Wenn dann Leiharbeiter oder Beschäftigte mit Werkverträgen als Streikbrecher eingesetzt werden, dann ist der Streik verpufft.

Das bedeutet, dass die Macht der Gewerkschaften nur dann funktioniert, wenn sie breiter organisiert sind. In anderen europäischen Ländern finden gegen besonders unsägliche politische Entscheidungen immer wieder Generalstreiks statt, bei denen alle streiken, egal in welcher Gewerkschaft sie sind oder welchen Status sie haben. Wenn Generalstreik ist, streikt ein Großteil der Bevölkerung, das kennen wir aus Belgien, aus Griechenland, Spanien oder früher auch aus Italien, da sind die Gewerkschaften aber mittlerweile offenbar nicht mehr so kampfstark. Man sieht also, dass es noch geht, es ist aber schwer.

Rötzer: Möglicherweise fehlt uns heute auch eine Utopie, eine bessere Gesellschaftsordnung, nach der man strebt. Das setzt, um es mit Hegel auszudrücken, eine Negation der herrschenden Verhältnisse voraus. Aber das scheint heute weitgehend verschwunden zu sein, was sich auch im Programm der LINKEN widerspiegelt. Es wird versucht, an einzelnen Punkten zu reparieren, hier die Rente, dort die Vermögenssteuer, aber das ist kein großer Entwurf, sondern gleicht eher dem Versuch, eine Maschine zu reparieren, anstatt das Konstrukt selbst in Frage zu stellen. Ist uns die Zukunftsfähigkeit in den letzten Jahrzehnten abhandengekommen? Trauen sich auch die Linken nicht mehr wirklich, über den Kapitalismus hinauszudenken? Im Programm der Linken ist da eigentlich genau wie bei den anderen Parteien nichts zu finden, wenn man davon absieht, dass etwa die Ungleichheit reduziert werden soll oder Kriegseinsätze abgelehnt werden.

Wagenknecht: Das Grundsatzprogramm der Linken fordert eine andere Wirtschaftsordnung. Ich selbst habe ein ganzes Buch darüber geschrieben, wie eine andere Gesellschaft aussehen kann, inklusive einer anderen Wirtschaftsordnung. *Reichtum ohne Gier* ist mein Beitrag zur Diskussion über grundsätzliche Alternativen. Ich habe dieses Buch geschrieben, weil ich vorher immer wieder die Rückmeldung bekommen hatte, dass die Leute meine Kritik nachvollziehen können, ihnen aber nicht klar sei, wie denn meine Alternative jenseits des Kapitalismus aussieht, also was ich konkret anders machen würde. Es war für mich eine sehr schöne Erfahrung, wie viel Resonanz, und zwar ausdrücklich positive Resonanz, ich auf dieses Buch bekommen habe. Und zwar aus nahezu allen Schichten der Bevölkerung, von Menschen, die zu schlechten Löhnen arbeiten, von Akademikern, von Selbständigen, Ärzten, Unternehmern. Und der Tenor war immer, dass das ja eigentlich sehr vernünftig klinge, oft verbunden mit dem Zusatz, dass sie sich bisher unter ›links‹ etwas ganz anderes vorgestellt hatten und überrascht waren, wie überzeugend sie die Vorschläge fanden. Wenn man es konkret macht, wenn die Leute nicht das Gefühl haben, dass das versponnene Ideen sind, die gar nicht funktionieren können, weil sie lauter selbstlose Menschen voraussetzen oder grundlegende wirtschaftliche Zusammenhänge ignorieren, dann stößt man auf ein hohes Maß an Aufgeschlossenheit. Aber keine Bundestagsrede und keine Talkshow gibt einem den Raum, ein solches Modell vorzustellen. Dafür muss man dann schon ein Buch schreiben, und damit erreicht man natürlich nur die Leute, die Bücher lesen.

Rötzer: Wir müssten jetzt erst einmal klären, was Kapitalismus eigentlich ist, respektive, was Sie darunter verstehen.

Wagenknecht: Ein Kapitalist ist für mich jemand, da knüpfe ich an die Definition des österreichischen Ökonomen Joseph Schumpeter an, der ein Unternehmen als bloßes Anlageobjekt betrachtet. Ein Unternehmer ist hingegen jemand, von dessen Power ein Unternehmen lebt. Der Kapitalismus ist also eine Wirtschaftsordnung, in der die Unternehmen Mittel zum Zweck der Renditeerzielung ihrer Eigentümer sind. Dann wird Innovation nur verfolgt, wenn sie entsprechende Mindestrenditen erwarten lässt. Es gibt ja Aussagen von Ingenieuren, dass zum Beispiel bei Siemens erfolgversprechende Innovationen nicht weiter erforscht werden, wenn die erwartete Mindestrendite unter 16 Prozent liegt.

Rötzer: Machen wir es ganz plastisch. Nehmen wir einen Handwerksbetrieb mit einigen Angestellten zum Beispiel. Der Besitzer kümmert sich um Aufträge, er arbeitet auch dafür, dass er ein bisschen mehr Geld hat, und hebt bei Gewinnen nicht gleichzeitig die Gehälter der Angestellten an, sondern versucht, seine Gewinne zu steigern, um sie teilweise wieder in den Betrieb zu investieren. Wäre das etwas grundsätzlich anderes als das, was Sie unter Rendite verstehen?

Wagenknecht: Jedes Unternehmen muss Gewinne machen, um zu investieren. Und wenn der Inhaber selbst im Unternehmen arbeitet, ja es selbst gegründet hat, dann lebt das Unternehmen von seinen Ideen und seiner Risikobereitschaft, was natürlich auch ein höheres Einkommen rechtfertigt. Etwas anderes ist es, wenn in einer Aktiengesellschaft langfristige Investitionen unterbleiben, um die kurzfristige Rendite zu steigern, die dann an die Aktionäre ausgeschüttet wird. Bei den großen Unternehmen wird ja seit Jahren ein immer größerer Teil des Gewinns ausgeschüttet und eben nicht reinvestiert. Dieser Druck von Anteilseignern, die mit dem Unternehmen eigentlich gar nichts mehr verbindet – oft sind es Finanzinvestoren, Hedgefonds –, ihr Druck, aus dem investierten Geld immer mehr Geld zu machen, dafür Löhne zu drücken, Steuern zu umgehen, auf langfristige Investitionen zu verzichten, eventuell Raubbau an der Natur zu betreiben, das ist das eigentliche Kennzeichen des Kapitalismus. Oder wenn der Spross einer Unternehmerdynastie ein Riesenvermögen in die Wiege gelegt bekommt und dann Millioneneinkünfte aus den Erträgen eines oder mehrerer Unternehmen bezieht, für die andere hart arbeiten, während er selbst mit dem wirtschaftlichen Erfolg gar nichts mehr zu tun hat.

Rötzer: Würden Sie entsprechend auch für die Herstellung von Chancengleichheit durch eine Erbschaftssteuer plädieren, weil dadurch die Vererbung von großen Vermögen oder von Kapital nicht mehr ohne Weiteres möglich wäre?

Wagenknecht: Der Ordoliberale Alexander Rüstow hat die Ansicht vertreten, dass die Erbschaftssteuer dafür sorgen muss, dass keine Großvermögen, die über das hinausgehen, was sich ein normaler Mensch im Leben erarbeiten kann, vererbt werden können. Hier geht es um Vermögen, die so groß sind, dass man allein aus den Erträgen mehr Einkommen bezieht, als selbst hochqualifizierte Beschäftigte in einem langen Arbeitsleben verdienen. Ein Beispiel ist das Geschwisterpaar Quandt und Klatten, die große Anteile an BMW geerbt haben und im Frühjahr 2017 eine Milliarde Euro an Dividende ausgeschüttet bekamen. Das entspricht einem Einkommen von über drei Millionen Euro am Tag. Und das sind die Größenordnungen, über die wir in der Milliardärsriege reden. Ich finde es aberwitzig, dass solche Erbschaften möglich sind und heute noch nicht mal ordentlich besteuert werden, aber das kann man nur überwinden, wenn große Unternehmen kein Privateigentum mehr sind.

Es gibt auch heute schon Unternehmen in Stiftungshand, die keine Eigentümer mehr haben, die sich dadurch bereichern können, dass sie ohne eigene Gegenleistung Geld aus dem Unternehmen ziehen. Diese Stiftungsunternehmen gehören sich faktisch selbst, und von ihrem Erfolg profitieren auch nur diejenigen, die zu ihm beitragen, also die im Unternehmen arbeiten. Meines Erachtens ist das das Grundprinzip, das man verallgemeinern sollte. Aber nicht im Sinne einer Gemeinnutzorientierung, es geht schon um kommerzielle Unternehmen, die auch gewinnorientiert arbeiten. Sie brauchen auch gute Unternehmer, also Leute, die die Fähigkeit haben, einen solchen Betrieb ordentlich zu führen. Aber das geschilderte Modell macht Kapitalisten überflüssig. Es braucht dann nur große öffentliche Wagniskapitalfonds, die für Unternehmensgründer bereitstehen, und ein vernünftiges Bankensystem zur Finanzierung des Unternehmenswachstums. Denn ist ein Unternehmen einmal erfolgreich etabliert, kommt der größte Teil der Kapitalbildung ohnehin aus den erwirtschafteten Gewinnen und nicht mehr von außen. Genau das wäre in diesem Modell sogar wesentlich erleichtert, weil es niemanden mehr gibt, der die Ausschüttung eines Teils der Gewinne verlangen kann. Aber, wie gesagt, viel detaillierter habe ich das alles in *Reichtum ohne Gier* dargelegt.

Also es sind die privaten Riesenvermögen von Hunderten Millionen oder Milliarden, die sich niemand selbst erarbeiten kann, und die daraus resultierenden leistungslosen Einkommen, die den Kapitalismus ausmachen. Nicht Wettbewerb, Marktwirtschaft oder Leistungsanreize, das braucht jede vernünftige Wirtschaft. Und diese Milliardenvermögen machen eine wirklich demokratische Gesellschaft unmöglich. Denn sie begründen unglaubliche Macht, Erpressungsmacht – wer über Milliardeninvestitionen und Zehntausende Arbeitsplätze entscheidet, kann ganzen Staaten die eigenen Interessen aufzwingen. Und er hat auch die Macht, sich die Politik zu kaufen, die er gerne haben will.

Es gab letztens wieder eine Untersuchung, dass in Deutschland auf der einen Seite die Armut wächst, das wissen wir, dass es aber zugleich immer mehr Rentiers gibt, also Leute, die ohne eigene Arbeit luxuriös von ihrem Vermögen leben können. Von wegen Leistungsgesellschaft! Die neoliberale Politik, die immer Leistung und Eigenverantwortung auf ihre Fahnen schreibt, fördert in Wahrheit das genaue Gegenteil.

Rörzer: Könnten wir, um es platt zu sagen, den Kapitalismus abschaffen, indem wir einfach die Erbschaften kappen?

Wagenknecht: Ich würde es umgekehrt sehen. Wenn man den Kapitalismus abschafft, wird es ohnehin niemanden mehr geben, der in der Lage ist, ein Milliardenvermögen anzuhäufen. Solange es den Kapitalismus gibt, befinden sich auch große Unternehmen in privatem Eigentum. Wenn ich lediglich die Erbschaften kappe, kann ich zwar verhindern, dass ein Unternehmen einer bestimmten Familie gehört, aber die Frage ist unter diesen Umständen: Wem soll es stattdessen gehören? Es besteht die Gefahr, dass eine solche Regel lediglich Anreize setzt, dass erfolgreiche Unternehmen vorher an Finanzinvestoren verkauft werden und die früheren Eigentümer das Geld lieber verprassen oder in einem diskreten Trust in Panama anlegen, um die Erbschaftssteuer zu umgehen. Also das spricht nicht gegen Erbschaftssteuern, aber es zeigt, dass sie allein das Problem nicht lösen. Klar, es gibt auch heute Stiftungsunternehmen und auch Inhaber, die ihr Unternehmen sehr bewusst auf eine Stiftung übertragen, um seine Existenz auch für die Zukunft zu sichern. Aber diese Art des Eigentums muss verallgemeinert und entbürokratisiert werden.

Rötzer: Aber wenn man zum Beispiel ein Start-up aufbaut, ist Kapitalbedarf zwingend.

Wagenknecht: Natürlich, man braucht Startkapital. Es ist eine der großen Ungerechtigkeiten des Kapitalismus, dass, wer arm geboren ist, auch keine oder kaum eine Chance hat, Unternehmer zu werden, weil ihm das Kapital dazu fehlt. Das müsste man über eine Demokratisierung des Zugangs zu Kapital regeln. Wenn der Staat freien Zugang zu Wagniskapital bietet, beispielsweise über Wagniskapital-Fonds, eröffnet das den Teilen der Bevölkerung mit unternehmerischem Talent ganz neue Möglichkeiten, egal ob sie aus einer reichen oder aus einer weniger wohlhabenden Familie stammen.

Es gab mal eine Phase, als man zwar nicht vom Tellerwäscher zum Millionär, aber vom Arbeiter zum Oberstudienrat aufsteigen konnte. Das war in der zweiten Hälfte des 20. Jahrhunderts. Es gab damals viele Kinder aus Arbeiterfamilien, die eine Universität besuchten und sich ein besseres Leben aufbauen konnten, als ihre Eltern es hatten. Heute ist es eher umgekehrt. Aber zu keinem Zeitpunkt war der Zugang zu Kapitalbesitz besonders durchlässig, das ist zu großen Teilen vererbtes, altes Geld. Nur wo dank Innovationen völlig neue Branchen entstehen, da sind die Eigentümer dann in der Regel keine Erben, sondern Unternehmensgründer. Das betrifft in den USA etwa die digitale Ökonomie. Aber sobald eine Branche sich etabliert hat, dominieren das alte Geld und die Erben-Generationen.

Können Algorithmen den Menschen ersetzen?

Rötzer: Marx' Idee war ja, dass eine Veränderung der Gesellschaftsform, also der Ausgang aus dem Kapitalismus, mit dem Stand der Technik zusammenhängt. Erzwingt oder erleichtert denn die heutige Technik den Übergang in den Nachkapitalismus?

Wagenknecht: Wir haben heutzutage auf jeden Fall Technologien, mit denen der Kapitalismus nicht klarkommt. Die Digitalisierung wird heute gerne als Horrorvision diskutiert, weil sie viele Arbeitsplätze überflüssig machen könnte. Aber erstens ist noch gar nicht klar, ob die extremen Vorhersagen, was die digitale Arbeitsplatzvernichtung angeht, wirklich vor der Realität standhalten. Dagegen spricht einiges, unter anderem der akute Mehrbedarf an Arbeit in den personenbezogenen Dienstleistungen, also in der Bildung, im Gesundheitswesen, in der Pflege. Aber selbst wenn die notwendige Arbeit sich radikal verringern sollte: Eigentlich ist es doch ein Fortschritt, wenn mit weniger menschlicher Arbeit der gleiche Wohlstand geschaffen werden kann. Ein Zugewinn an Produktivität bedeutet ja, dass man weniger Arbeit benötigt, um am Ende das gleiche Niveau an Produkten, an Gütern und Dienstleistungen zu erzeugen. Das ist eigentlich ein riesiger Fortschritt. Unter kapitalistischen Bedingungen ist das aber für die große Mehrheit ein Problem, weil die Leute ihre Arbeitsplätze durch die Digitalisierung verlieren können und damit ihr Einkommen und ihre Teilhabe am Wohlstand. Wer arbeitslos ist, ist eben draußen.

Dieser Prozess ähnelt dem Niedergang der alten Stahl- und Schwerindustrie. Die entlassenen Arbeiter waren damals zum Teil abgesichert, weil es noch einen Sozialstaat gab, aber die wenigsten fanden wieder Arbeit in anderen Bereichen. In Großbritannien oder in den USA entstanden dadurch große Gruppen an deklassierten Arbeitern, die einst zur Mittelschicht gehörten und jetzt für einen Hungerlohn Tüten in Supermärkten packen mussten oder dauerhaft arbeitslos wurden. Ganze Städte in den ehemaligen Industrieregionen sind in der Folge hoffnungslos verkommen. Wir sehen das auch in Deutschland etwa im Ruhrgebiet, aber in den Vereinigten Staaten oder auch im Großbritannien unter Thatcher hat man noch einen viel schlimmeren Verfall zugelassen. Die Digitalisierung bedroht jetzt noch größere Teile der Gesellschaft mit einem ähnlichen Schicksal. Aber es sind nicht die digitalen Technologien, die das bewirken, sondern die kapitalistischen Machtverhältnisse, unter denen sie sich durchsetzen. Denn diese Machtverhältnisse sorgen dafür, dass diejenigen, die über das Kapital, also auch über die digitalen Plattformen, über die Software verfügen, den gesamten Gewinn allein einstreichen. Das macht den Übergang zu einer anderen Wirtschaftsordnung noch dringlicher.

Marx meinte das allerdings natürlich noch ein wenig anders, denn er hatte ja die Vorstellung, dass Märkte gänzlich überflüssig werden, weil die Wirtschaft sich immer großflächiger vernetzt und daher planbar würde. Das ist in meinen Augen nicht richtig. Wir haben einerseits diese Vernetzung und sind inzwischen mit Industrie 4.0 und Digitalisierung auch theoretisch in der Lage, die Produktion vom Konsumenten aus zu organisieren. Das wird zu immer stärker individualisierten Produkten führen. Aber das macht Märkte und Wettbewerb trotzdem nicht überflüssig. Denn es ändert nichts daran, dass es unterschiedliche Unternehmen geben muss, die bestimmte Produkte anbieten, weil es sonst einfach keinen Anreiz gibt, innovativ, produktiv und kundenorientiert zu bleiben. Stagnation wäre die Folge.

Aber wir brauchen weiteren technologischen Fortschritt. Nicht zuletzt, um unsere natürliche Umwelt zu erhalten, müssen wir zu einer echten Kreislaufwirtschaft übergehen. Dafür brauchen wir in vielen Bereichen Technologien, die heute noch nicht verfügbar sind. Und natürlich ist es phantastisch, wenn die medizinische Forschung dazu führt, dass wir immer mehr Krankheiten besiegen können. Es ist wunderbar, wenn immer neue Ideen entstehen, die unser Leben im Großen oder auch nur im Kleinen ein bisschen schöner und leichter machen. Das brauchen wir auch in Zukunft, und deshalb muss es Anreize dazu geben.

Rötzer: Der Druck könnte auch von *den* Konsumenten kommen, die etwas anderes haben wollen.

Wagenknecht: Wenn sie keine Auswahl mehr zwischen verschiedenen Unternehmen haben, von denen sie ihre Produkte beziehen können, können sie auch keinen Druck ausüben. Zum Beispiel ist der selbstbestellende Kühlschrank deshalb so attraktiv für den Anbieter, weil er immer wieder stoisch beim gleichen Unternehmen nachbestellt. Also für den Lieferanten ist das eine Supersache. Beim Inhalt des Kühlschranks, also bei standardisierten Produkten wie Milch oder Eier mag es noch passabel sein, sie immer wieder beim gleichen Händler zu beziehen. Wo es dagegen um kompliziertere Qualitätsprodukte geht, wird sich kaum einer gern auf eine automatisierte Bestellung einlassen. Denn garantierter Absatz ist bestimmt kein Leistungsanreiz für das betreffende Unternehmen. Deshalb ist es eben auch heute ein Problem, wenn Konzerne immer größer und marktmächtiger werden.

Rötzer: Gut, das ist der Aspekt der Konzentration. Bleiben wir bei den Arbeitnehmern, die möglicherweise über die Digitalisierung freigesetzt werden. In den ausgemalten Szenarien handelt es sich um große Teile der Arbeitnehmerschaft bis hinauf zu Intellektuellen und Akademikern, inklusive Journalisten und Wissenschaftlern, die überflüssig werden könnten. Wenn die Industrie 4.0 zusammen mit der weiteren Entwicklung der künstlichen Intelligenz und der Robotik viele Menschen aus dem Produktionsprozess herauslösen kann, dann steht die Gesellschaft plötzlich vor dem Problem, was sie mit diesen Überflüssigen macht. IT-Gurus und Führungskräfte in Konzernen stellen selbst zunehmend diese Frage, weil es auf der Hand liegt, dass gesellschaftliche Unruhen entstehen, wenn sich die von der Lohnarbeit Freigesetzten ihres Einkommens und ihrer Perspektiven beraubt sehen. Könnte über diese Proletarisierung eine neue Linke entstehen?

Wagenknecht: Das ist keine zwangsläufige Folge. Es gab schon immer Entwicklungen, die einen Teil der Arbeit überflüssig gemacht haben. Richtig, nicht immer hat das zu Deklassierungen und sozialem Abstieg geführt. Aber sozialer Abstieg als solcher bringt doch niemanden dazu, plötzlich links zu wählen. Viele versuchen es dann gern auch mal mit rechten Parteien. Nein, entscheidend ist: Die Linke muss die Menschen ansprechen, sie muss sich so artikulieren, dass sie verstanden wird. Sie braucht überzeugende, plausible Alternativen. Und natürlich auch glaubwürdige Persönlichkeiten. Das ist viel Wichtiger als auf ein neues ›Proletariat‹ zu warten. Menschen, die hart arbeiten und trotzdem arm sind, gibt es doch längst in großer, viel zu großer Zahl.

Rötzer: Man muss sich bloß vorstellen, dass mit einer massenhaften Einführung von autonomen Lastwagen und Autos zig Millionen Menschen in Europa arbeitslos werden. Ist das nicht ein Bruch?

Wagenknecht: Es wird immer Arbeit geben, die nur von Menschen und von keinem Algorithmus erledigt werden kann. Das betrifft nicht nur die Weiterentwicklung oder Wartung der Technik, sondern sämtliche Berufe, in denen zwischenmenschliche Beziehungen eine Rolle spielen. Natürlich spricht unter heutigen Bedingungen viel dafür, dass mit der Digitalisierung die Arbeitslosigkeit steigt und auch ungesicherte Arbeitsverhältnisse weiter zunehmen. Das ist vor allem der Fall, wenn nicht endlich mehr in Bildung investiert und öffentliche Beschäftigung weiter abgebaut wird. Denn ausreichend Jobs in den Menschen-bezogenen Dienstleistungen können nur unter öffentlicher Regie entstehen. Privatisierte Schulen, privatisierte Pflegeheime sind nur etwas für eine reiche Minderheit.

Rötzer: Es gibt aber lernende Systeme. Die Chip-Entwicklung ist zum Teil schon lange automatisiert. In Japan werden Pflegeroboter entwickelt. Also, da wäre ich etwas vorsichtig, ob nicht tatsächlich langfristig eine weitgehende Ersetzung möglich wäre.

Wagenknecht: Das glaube ich nicht, und ich meine auch nicht, dass die Menschen das je aus der Hand geben sollten. Seit der

Entdeckung der Chaostheorie weiß man, wie fehleranfällig hoch-komplexe Systeme sind, bei denen am Ende minimale Abwei-chungen zu einem völlig anderen Entwicklungspfad, also auch zu extremen Ausschlägen in die eine oder andere Richtung führen können. Der Mensch wäre schlecht beraten, sein Leben solchen Systemen und ihren gefühllosen Algorithmen zu überlassen.

Ich bin mir deshalb auch gar nicht so sicher, ob sich autono-mes Fahren wirklich flächendeckend durchsetzen wird. Das ist ein hochkomplexes System. Nach den bisherigen Erfahrungen, so wie aktuell Navigationssysteme funktionieren – das ist alles optimierbar, ich weiß –, würde ich mich derzeit garantiert nicht in ein selbstfahrendes Auto setzen. Jeder kennt das, wenn die Navigation plötzlich spinnt und einen entweder im Kreis oder plötzlich eine Treppe hinunterfahren lassen will. Oder eine Sperrung oder Baustelle nicht kennt. In einem Verkehrsnetz aus autonomen Fahrzeugen müssten Unmengen an Daten zeitgleich verarbeitet werden. Das sind chaotische Systeme und entspre-chend fehleranfällig.

Rötzer: Technik-Euphoriker würden allerdings behaupten, dass gerade die Entfernung des Menschen aus den Entscheidungspro-zessen diese sicherer macht. Allgemein wird versprochen, dass weniger Unfälle passieren, wenn die intelligenten Systeme am Steuer sitzen, während beim Menschen immer Risiken herein-spielen, weil er zu langsam reagiert oder wahrnimmt und darüber hinaus emotional und ständig abgelenkt ist. Man könne dem Menschen also aus dieser Sicht weniger trauen als einer Maschine, die schnell, exakt, immer hochkonzentriert und emotionslos Re-geln befolgt.

Wagenknecht: Klar, Computer betrinken sich nicht, aber trotz-dem halte ich das für falsch, weil hochkomplexe Systeme plötzlich unvorhergesehene Dinge tun können. Ganz zu schweigen davon, welches Einfallstor man für Terroristen oder Kriminelle öffnet, die sich in solche Systeme reinhacken könnten. Im Flugverkehr läuft ja schon recht viel autonom ab, aber dennoch müssen immer ein Pilot und ein Co-Pilot in der Kabine sein. Auch in diesem Fall wäre eine Cyber-Attacke noch gefährlich, aber das Personal könnte immer noch gegensteuern. Wenn da aber nun niemand mehr wäre, möchte ich an dem Tag eines kriminellen Hackerangriffs nicht in einem Flugzeug sitzen …

Rötzer: Man kann autonome Systeme hacken, aber das geht auch bei teilautonomen Systemen, bei denen noch ein Fahrer am Lenkrad sitzt, wie das bei autonomen Fahrzeugen aus rechtlichen Gründen geplant ist. Selbst wenn ein Fahrer am Lenkrad sitzt, könnte man von außen ein Fahrzeug, das über eine SIM-Karte mit dem Internet verbunden ist, übernehmen, ohne dass der Fahrer eingreifen kann. Das wünschen sich im Übrigen auch europäische Polizeibehörden. Die würden nämlich gerne Fahrzeuge bei Verfolgungsjagden aus der Ferne stoppen können.

Wagenknecht: Also mal ehrlich: Würden Sie sich ein Auto kaufen, in dem Sie die Außensteuerung nicht bei Bedarf auch abschalten können? Also ich nicht. Ich habe auch keine Lust, dass der Software-Anbieter dann schönes Geld damit verdient, dass er meine Route so programmiert, dass ich auf jeden Fall bei irgendeinem Sushi-Restaurant oder einer Boutique vorbeikomme, weil mein Datenprofil ihn zu dem Schluss bringt, dass ich darauf anspreche und dann womöglich aussteige. Zukunftsträchtiger scheint mir da doch die Variante, dass es, wie im Flugzeug, autonom handelnde Autopiloten gibt, bei denen aber jederzeit ein Mensch wieder das Ruder übernehmen kann. Ich glaube, dass sich das auch beim Auto durchsetzen könnte. Dass die völlige Autonomie irgendwann kommt, bezweifle ich. Es muss sich nur einmal eine riesige Massenkarambolage mit Todesopfern ereignen, dann wäre die Euphorie ganz schnell vorbei.

In gewisser Hinsicht ist das wie mit dem Atomstrom. Der galt auch mal als geniale Technologie zur Lösung des Energieproblems der Menschheit. Und vordergründig, ja: keine Abhängigkeit mehr von fossilen Energieträgern, kaum CO_2-Emissionen, auch kaum andere Schadstoffe, die nach außen dringen. Es darf eben nur nichts schiefgehen. Dann ereignet sich eine Katastrophe unvorstellbaren Ausmaßes, ganze Regionen werden unbewohnbar, Menschen sterben. Wer zulässt, dass die digitalen Technologien sich verselbständigen und nur noch sich selbst überwachen, der nimmt in Kauf, dass auch hier ein kleiner Fehler eine Riesenkatastrophe anrichten kann. Wo das so ist, darf man doch nicht blauäugig eine Entwicklung forcieren mit dem Argument, in 99,9 Prozent der Fälle sei sie sicher. Wenn dann doch die unwahrscheinlichen 0,1 Prozent eintreten, so wie bei den Atommeilern auch immer wieder, dann kann das so verheerend sein, dass die Folgen nicht zu verantworten wären.

Abgesehen davon gibt es immer noch genügend Bereiche, wo der Mensch per se unersetzbar ist, wie zum Beispiel in der Kinderbetreuung, in der Bildung, in der Pflege und im Krankenhaus. Ich halte überhaupt nichts davon, den Leuten einzureden, dass man demnächst nur noch seine Daten in einen Computer eingibt, der dann die Diagnose ausspuckt, man hätte Krebs oder eine andere Krankheit. Das muss schon ein Arzt machen. Er wird dabei selbstverständlich das volle Spektrum moderner Diagnosemethoden benutzen, es werden ja bereits Roboter bei Operationen verwendet, aber am Ende muss ein Mensch eine Entscheidung treffen, und man muss dem Menschen auch vertrauen, ansonsten funktioniert das alles nicht.

Aus diesem Grund wird es auch künftig noch viele konventionelle Tätigkeitsfelder geben, neue kommen hinzu, andere verschwinden. Und die Arbeit insgesamt wird weniger, das ist richtig. Das spricht allerdings dafür, das genaue Gegenteil dessen zu tun, was die Politik derzeit macht, also nicht die individuelle Arbeitszeit zu verlängern, sondern sie zu verkürzen: Kürzere Tage, längere Urlaube, und das bei gleichem Einkommen, das ist doch keine Horrorvision, sondern eine schöne Perspektive. Das Gleiche gilt für die Lebensarbeitszeit. Im Zeitalter der Digitalisierung brauchen wir nicht die Rente mit 70, sondern die Rente mit 60 oder noch frühere flexible Renteneintritte. Der Ökonom John Maynard Keynes hat schon vor knapp hundert Jahren davon geträumt, dass die Leute eines fernen Tages nur noch drei Tage in der Woche arbeiten müssen. Wenn wir in immer kürzerer Zeit immer mehr Wohlstand schaffen, ist Arbeitszeitverkürzung für alle die Lösung und nicht Überlastung und Stress für die einen und Arbeitslosigkeit für die anderen.

Rötzer: Es ist allerdings auch so, dass Leute gerne um der Arbeit willen arbeiten, damit sie nicht arbeitslos herumhängen oder Hartz IV beziehen. Tätigkeit bringt ja auch eine gesellschaftliche Anerkennung mit sich.

Wagenknecht: Ja, klar.

Rötzer: Kämen die Menschen denn damit zurecht, wenn sie, sagen wir mal, nur zwei oder drei Tage die Woche arbeiten? Müsste man nicht unsere gesamte, auf Arbeit ausgerichtete Gesellschaftsstruktur umkrempeln, um auch mit wenig oder keiner Arbeit in den Genuss eines erfüllten Lebens zu kommen, das heute für viele auch an Arbeit und nicht zuletzt an das damit verbundene Einkommen gebunden ist?

Wagenknecht: Es geht ja um Arbeitszeitverkürzung ohne sinkende Einkommen. Das erleben wir ja gesellschaftlich seit zweihundert Jahren. Wir arbeiten heute im Schnitt viel weniger als im 19. Jahrhundert und haben trotzdem ein sehr viel höheres Einkommen als die Arbeiter damals. Die Digitalisierung setzt einen technologischen Trend fort, der genau das ermöglicht. Und mehr Freizeit: Wie viele wünschen sich das. Endlich mehr Zeit für die Familie, für Freunde, für Hobbys. Das könnte die Renaissance des Bücherlesens bedeuten.

Ich kenne das ja auch, wenn man so richtig Stress hat und dann nach Hause kommt, dann liest man auch kein Buch mehr, weil man einfach zu müde ist. Viele Leute befinden sich in ihrem Job im Dauerstress, da will man in seinem kleinen bisschen Freizeit nur noch die Seele baumeln lassen, ein bisschen Sport machen oder sich einfach vor den Fernseher setzen und sich irgendwas reinziehen, was einen nicht übermäßig beansprucht, weil man einfach nur abschalten will. Wenn man hingegen mehr Freizeit hat, kann man auf einmal auch mehr Zeit in Dinge investieren, die sonst häufig vernachlässigt werden – eben in die wirklich schönen Dinge des Lebens. Arbeit ist wichtig, davon bin ich auch überzeugt, und im Idealfall findet man in ihr Bestätigung und Anerkennung. Aber das ist nun wirklich nicht das ganze Leben.

Rötzer: Es gab in den 1960er Jahren, als die Computerentwicklung begann und man zum ersten Mal von einer überlegenen künstlichen Intelligenz träumte, bereits die Theorie, dass die Menschen in ihrem Müßiggang nur noch konsumieren und verblöden würden, sobald die Maschinen sämtliche Arbeit übernehmen. Das hat sich nicht eingestellt, wohl aber ist seitdem und ganz unvorhergesehen durch die Digitalisierung die Ungleichheit der Gesellschaft gewachsen und haben sich die Jobs für Geringverdiener vermehrt, die mitunter auch als Selbständige über das

Internet ihre Dienste anbieten. Wenn man das fortspinnt, dann gäbe es zwar weiter Jobs, die Maschinen nicht übernehmen können, aber die werden, wie es heute schon bei Kindergärtnern oder Altenpflegern der Fall ist, schlecht bezahlt. Das dürfte sich womöglich nicht groß ändern.

Wagenknecht: Das muss sich natürlich ändern. Ich empfinde es ohnehin als eine Schande, dass Menschen, die für die Gesellschaft von elementarer Bedeutung sind und existenziell wichtige Arbeit leisten, indem sie etwa Kinder betreuen oder alte Menschen pflegen, mit solchen Hungerlöhnen abgespeist werden. Wenn die Technologien unsere Arbeit in den Fertigungsbranchen immer produktiver machen, ist doch genügend Geld vorhanden, die Menschen in den sozialen Bereichen ordentlich zu bezahlen. Natürlich bräuchten wir dann auch deutlich mehr Menschen, die im Bildungsbereich arbeiten, da das Bildungsniveau spürbar höher sein muss als heute, weil es sehr viel mehr anspruchsvolle Jobs geben wird als solche für Ungelernte. Dann brauchen wir natürlich mehr Lehrer und Nachmittagsbetreuer, die es den Kindern ermöglichen, ihre Talente auch unabhängig von ihrem Elternhaus zu entdecken.

Rötzer: Da sind wir wieder bei dem alten Bildungsthema. Momentan strebt man danach, mehr Technik in die Kindergärten und Schulen einzuführen und die Lehrer aus den Schulen zu drängen.

Wagenknecht: Das ist ja auch absurd und verfestigt natürlich den Missstand, dass die Bildung der Kinder von der der Eltern abhängt. Online-Kurse und Angebote dieser Art können das Lernen der Kinder oder Studierenden ergänzen. Aber wenn es darauf reduziert wird, schneiden wieder die Kinder deutlich besser ab, denen ihre Eltern helfen können, während die anderen durchs Raster fallen.

Bedingungsloses Grundeinkommen oder weniger Arbeit für alle?

Rötzer: Es stand noch im Raum, ob die smarten Maschinen nicht zu einer großen Zahl potenzieller Arbeitsloser führen könnten. Wie wäre es diesen denn noch möglich, auf dem Niveau zu leben, das sie jetzt mit ihren Vollzeitjobs haben, selbst wenn man die Arbeitszeiten reduzieren würde? Seit einiger Zeit kursiert die Idee des bedingungslosen Grundeinkommens, mit dem sich solche Entwicklungen auffangen lassen könnten. Es ist unsicher, ob neue Jobs entstehen oder ob in Zukunft genügend vorhanden sein werden, daher müsse allen ein gesichertes Einkommen, mit dem sie auskommen können, garantiert werden. Ist das eine Alternative?

Wagenknecht: Nein, denn damit verabschiedet sich die Gesellschaft von ihrer Verantwortung, jedem Menschen die Chance zu geben, sich mit eigener Arbeit ein anständiges Einkommen zu verdienen. Das muss doch der Anspruch sein, anstatt die Leute mit irgendeiner Minimalversorgung abzuspeisen und dann zu Hause sitzen zu lassen. Ich weiß, dass es auch viele Linke gibt, die glauben, dass das ein großer Segen wäre. Diese Überzeugung ist in vielen Fällen aus der Erfahrung mit Hartz IV geboren. Hartz IV ist ein demütigendes System, es macht krank und quält die Leute, die darin gefangen sind. Hartz IV gehört selbstverständlich abgeschafft, wir brauchen eine gute Arbeitslosenversicherung, um die Menschen abzusichern, die arbeitslos werden. Aber dafür braucht man kein bedingungsloses Grundeinkommen.

Denn der Anspruch der Gesellschaft muss doch sein, dass jeder sich sein Geld mit eigener Arbeit verdienen kann. Jeder kann irgendetwas besonders gut, er muss nur die Chance erhalten, seine Talente zu entwickeln und auszubilden. Das ist die gesellschaftliche Aufgabe und nicht, Almosen zu verteilen und einen erheblichen Teil der Gesellschaft einfach abzuschreiben. Deswegen darf man die Arbeitszeit nicht verlängern, sondern muss Arbeit anders verteilen: weniger, aber dafür für alle. Jetzt reden die Ersten schon von Rente mit siebzig, so ein Irrsinn. Eine Gesellschaft ist eine Gemeinschaft von Menschen, und wenn diese Gemeinschaft dank der Digitalisierung mit weniger Arbeitszeit den gleichen Wohlstand erarbeitet, dann muss sich keiner einschränken. Stellen Sie sich zum Vergleich einen Bäcker vor, der mit seinen drei Angestellten ein Dorf versorgt und pro Tag hundert Brote und dreißig Kuchen backt. Irgendwann kauft er sich eine neue Maschine und kann mit der gleichen Belegschaft in der gleichen Zeit zweihundert Brote und sechzig Kuchen backen. Keiner muss mehr arbeiten als vorher, aber alle können mehr essen. Und wenn man gar nicht so viel essen will, können der Bäcker und seine drei Angestellten theoretisch auch einfach nur noch die halbe Zeit arbeiten und verdienen genauso viel wie vorher. Die kapitalistische Variante allerdings wäre: Der Bäcker entlässt zwei seiner Angestellten und setzt den verbleibenden dritten unter Druck, anderthalb Mal so viel zu arbeiten wie bisher, während er selbst von nun an ein mehr als drei Mal so hohes Einkommen einstreicht. Das ist der Prozess, den wir auf gesellschaftlicher Ebene erleben, und das sind die Varianten, die es gibt, die technologischen Zugewinne zu verteilen.

Rötzer: Die Idee des bedingungslosen Grundeinkommens ließe sich auch als eine Strategie der Superreichen verstehen, den Status quo zu bewahren. Man gibt halt ein paar Milliarden aus und stellt damit die Leute zufrieden.

Wagenknecht: Die Idee des bedingungslosen Einkommens kommt aus dem Silicon Valley, weil dort genau diese Strategie verfolgt wird. Sie wollen die Gewinne der Digitalisierung für sich vereinnahmen, aber sie können die dank digitaler ›Disruption‹ aus der Bahn Geworfenen und ihrer Arbeit Beraubten auch nicht verhungern lassen. Außerdem müssen sie es ja auch nicht bezahlen, sondern der Staat soll für die, für die die glücklichen Gewinner keine Verwendung mehr haben, eine Minimalversorgung gewährleisten. Das finde ich nicht nur zutiefst zynisch, sondern schon im Ansatz völlig falsch.

Die Anziehungskraft ergibt sich aus den völlig irrealen Summen, mit denen da teilweise operiert wird. Es gibt Leute, die behaupten, man könne in Deutschland aktuell ein bedingungsloses Grundeinkommen von 1 500 Euro für jeden finanzieren. Ich verstehe, dass viele, die in einer permanenten, existentiellen Unsicherheit leben und die immer befristete Jobs oder Minijobs haben, sich danach sehnen, jeden Monat sicher 1 500 Euro auf dem Konto zu haben. Das würde ihr Leben sehr viel leichter und angstfreier machen. Der Haken ist aber, dass diese Zahl völlig fiktiv ist. Wir haben derzeit in Deutschland ein Pro-Kopf-Einkommen von 1 800 Euro. Wenn ich also bedingungslos jedem 1 500 Euro auf sein Konto überweise, bedeutet das, dass für die Einkommen aus der Arbeit fast nichts mehr übrig bleibt. Es bleiben dann im Durchschnitt nur 300 Euro Spielraum, um Menschen dafür zu bezahlen, dass sie jeden Tag früh aufstehen und bis abends arbeiten. Ich bin überzeugt, dass das nicht funktioniert. Ich glaube schon, dass Menschen nicht nur wegen des Einkommens arbeiten, das ist richtig. Menschen arbeiten auch, weil gute Arbeit ihnen Anerkennung verschafft, weil sie so soziale Kontakte haben und vieles mehr. Auch wenn es für Arbeit gar kein Geld mehr gäbe und alle mit einem Grundeinkommen ausgesorgt hätten, würden viele nicht auf der faulen Haut liegen. Aber freiwillig sechs Uhr morgens aufstehen? Nachts arbeiten? Nur gibt es eben in vielen Bereichen die objektive Notwendigkeit, dass beispielsweise nachts gearbeitet wird. Die Notaufnahme in der Klinik muss auch nachts geöffnet sein. Busse müssen auch morgens früh fahren. Gerade nachts muss die Polizei zur Stelle sein. Das dürfte kaum einer machen, wenn er den größten Teil seines Einkommens sicher hat, bevor er auch nur eine Hand rührt. Die Vorstellung, jeder bekommt 1 500 Euro, und dann kommt das bisherige Monatseinkommen im Großen und Ganzen noch obenauf, ist ökonomischer Nonsens. Am Ende können nur die aktuell 1 800 Euro pro Kopf verteilt werden, es sei denn, man entwertet das Geld. Man sollte den Leuten daher auch keine Versprechungen machen, die gar nicht eingelöst werden können.

Die einzigen wirklich durchgerechneten Konzepte des bedingungslosen Grundeinkommens kommen auf einen Level zwischen 700 und 750 Euro. Dafür würden dann aber alle anderen sozialen Leistungen abgeschafft, denn darauf beruht die Finanzierbarkeit. Es gäbe dann weder eine Arbeitslosenversicherung noch eine Rentenversicherung: Wer arbeitslos wird oder in Rente geht, fiele dann direkt in dieses Loch von 750 Euro. Das ist weniger als Hartz IV, denn es gibt dann natürlich auch keine Mietzuschüsse mehr, und um die Krankenversicherung muss man sich auch selbst kümmern und sie davon bezahlen. Wer im Alter mehr als 750 Euro haben will, muss privat sparen. Das wäre keine schöne neue Welt sozialer Sicherheit, sondern die komplette Abschaffung des Sozialstaates. Jeder, dem die Idee des bedingungslosen Grundeinkommens zunächst faszinierend erscheint, sollte sich die Konsequenzen genau anschauen. Es ist kein Zufall, dass dieses Konzept so viele begeisterte Anhänger unter den oberen Zehntausend hat. Der Anspruch, dass jeder Mensch abgesichert sein muss und niemand in Armut leben soll, ist sehr sympathisch. Aber wie man sieht, stehen hinter dem Konzept eines bedingungslosen Grundeinkommens äußerst unsympathische Interessen, denen es eher darum geht, den Sozialstaat endgültig zu erledigen, den Unternehmen Kosten zu ersparen und sich aus der gesellschaftlichen Verantwortung zu stehlen.

Rötzer: Neben dem bedingungslosen Einkommen wird die Einführung einer Maschinensteuer diskutiert, um die Produktivität, die an die Maschinen verloren geht, zu besteuern und dadurch für die arbeitslosen Menschen zu sorgen. Das geht in die gleiche Richtung wie das bedingungslose Grundeinkommen. Wäre das denn eine bessere Alternative?

Wagenknecht: Nein, denn wir haben doch kein Interesse daran, den technischen Fortschritt zu verlangsamen. Das ist ein häufiger Irrtum. Im Kapitalismus kann man das Interesse haben, Jobs zu bewahren. Zum Beispiel hatten die Gewerkschaften in Großbritannien durchgesetzt, dass auf modernen elektrischen Lokomotiven immer noch ein Heizer mitfährt, weil dieser sonst arbeitslos geworden wäre. Unter dem Aspekt einer vernünftigen Organisation der gesellschaftlichen Arbeit war das natürlich Unsinn. Steigende Produktivität macht unser Leben leichter, denn sie erspart uns Arbeit. Aber diese Verbesserung muss der Allgemeinheit auch zugutekommen, das ist der Haken an der Sache. Ich sehe jedenfalls keinen Vorteil darin, technische Entwicklungen bewusst zu verlangsamen.

Rötzer: Würde eine Steuer denn zwangsläufig den technischen Fortschritt verlangsamen?

Wagenknecht: Zumindest würde sie die Motivation dazu schwächen. Ziel der Maschinensteuer ist es doch, die Unternehmen zu veranlassen, ihre Arbeitskräfte lieber zu behalten, als sie durch eine Maschine zu ersetzen, da die letztere Option weniger attraktiv wäre. Dem muss man einfach entgegnen, dass arbeitssparende Technologien, die in den letzten zwei Jahrhunderten entstanden sind, die Menschheit sehr viel reicher gemacht haben. Nur haben wir seit einigen Jahren wieder den Trend, dass ein erheblicher Teil der Gesellschaft von diesem wachsenden Reichtum völlig abgehängt ist. Aber dann muss man natürlich diesen Punkt ansprechen und über die Wirtschaftsordnung reden, die dazu führt, dass die Wohlstandssteigerungen nur noch von einigen wenigen vereinnahmt werden. Und wie man diese Situation ändern kann, ist die viel wichtigere Frage.

Die große Mehrheit will doch nicht bis ins hohe Alter arbeiten. Einen interessanten Beruf auszuüben, der einem auch Bestätigung verschafft, ist eine gute Sache. Aber wer bis sechzig hart gearbeitet hat, möchte meistens gern dann auch seinen Ruhestand genießen. Die meisten Menschen, das belegen Umfragen, würden gern früher aus dem Arbeitsleben ausscheiden, wenn die Rente stimmt.

Rötzer: Viele ältere Leute behaupten aber auch, dass sie nicht gerne in den Ruhestand gehen würden. Das sind womöglich die Privilegierten, die weiterarbeiten wollen, obwohl es finanziell keine Rolle für sie spielt.

Wagenknecht: Wenn ein Universitätsprofessor, obwohl er pensioniert ist, noch weiter forschen und Artikel publizieren will, dann steht ihm das doch auch frei. Aber in sehr vielen Berufen arbeiten die Leute nicht weiter, weil sie es ohne Arbeit nicht aushalten würden, sondern weil sie das Geld brauchen. Man muss sich nur einmal anschauen, was viele Rentner heutzutage an Jobs machen. Viele stehen morgens um fünf Uhr auf, um Zeitungen auszutragen, andere verkaufen den ganzen Tag an einem Stand Erdbeeren oder Spargel. Erst vor kurzem habe ich mit einer älteren Frau an einem solchen Stand gesprochen. Sie hat mir erzählt, dass sie das wegen ihrer miesen Rente machen muss. Natürlich wäre sie lieber zu Hause geblieben und hätte vielleicht mit den Enkeln einen Ausflug gemacht! Dieser Druck, immer weiter arbeiten zu müssen, ist ein direktes Resultat der Rentenkürzungen der letzten Jahrzehnte. Das ist auch die Crux der sogenannten Rente mit 63. Das ist schön für diejenigen, die im Verlauf ihres Arbeitslebens ausreichende Rentenansprüche erworben haben, sodass sie nach 45 Jahren ohne Abschläge in Rente gehen und ihren Ruhestand genießen können. Aber es gibt viele, die müssen trotz 45 Beitragsjahren weiterarbeiten, weil sie immer noch keine Rente haben, die ihnen ein menschenwürdiges Alter ermöglicht.

Wenn wir es machen wie in Österreich und statt irgendwelcher schwachsinnigen Riester-Produkte, die nur die Banken und Versicherungen reich machen, die gesetzliche Rente stärken, wäre das Problem weitgehend gelöst. In Österreich hat ein Durchschnittsrentner im Monat 800 Euro mehr zur Verfügung. Statt das auch in Deutschland zu ermöglichen, wird uns vorgelogen, ohne private Vorsorge und Kapitalmarktprodukte ginge es nicht.

Umwelt- & Datenschutz

Rötzer: Die Technik der Zukunft wird nicht nur massive Einwirkungen auf den Arbeitsmarkt haben, sondern auch auf die Umwelt. Gerne tut man ja so, als wäre die Digitalisierung ein reiner Segen für die Umwelt. Aber so einfach ist es nun auch wieder nicht, denn man muss den Stromverbrauch der Serverfarmen auch damit verrechnen, was der Umstieg auf Online-Aktivitäten an Energieverbrauch einspart, der sonst angefallen wäre, beispielsweise durch Fahrten mit Autos, die mit fossilen Brennstoffen betrieben werden.

Wagenknecht: Ich gehe davon aus, dass wir in fünfzig Jahren nicht mehr über fossile Energieträger reden werden. Ich habe die Hoffnung, dass es irgendwann Solar-Panels gibt, die jedes Licht in Energie umwandeln können und dazu keine strahlende Sonne mehr brauchen. Licht ist ja tagsüber immer da. Heutzutage gibt es schon mit Solar-Panels ausgestattete Ziegel. Wenn solche Panels flächendeckend auf den Häusern installiert würden, könnte man nicht nur Strom erzeugen, sondern vielleicht sogar heizen. Das ist ein Beispiel für eine Idee, zu deren Reife wir aber noch einiges an technischem Fortschritt brauchen.

Rötzer: Wobei man hier aber auch berücksichtigen muss, ob die Materialien zur Erzeugung erneuerbarer Energie nicht auch Ressourcenfresser sind. Die Ökobilanz elektrischer Autos ist nicht zuletzt wegen der Batterien umstritten.

Wagenknecht: Wir brauchen intelligente Speicher. Die Batterien sind bei den elektrischen Autos auch deshalb ein Problem, weil die notwendige Infrastruktur fehlt, um sie wieder aufzuladen. Allgemein verbraucht jede Produktion Ressourcen. Die Frage ist, ob das, was verbraucht wird, wieder in den Kreislauf einfließt, statt sich auf immer höheren giftigen Müllbergen zu stapeln.

Heute haben wir das Problem, dass viele Güter bewusst so konstruiert werden, dass sie schlechter funktionieren, als sie es könnten, und eine geringere Lebensdauer haben, weil das profitabler ist. Weil vieles zudem nicht recycelbar ist, wachsen die Müllberge. Die Werkstoffe der Zukunft müssen anders aussehen als heute. Plastik ist beispielsweise nicht mehr herstellbar, wenn das Erdöl ausgeht. Aber das hat die Menschheit meistens noch lösen können, wenn es den nötigen Druck gibt. Das Problem heute ist, dass es diesen Druck nicht gibt. Er wird vom Markt aus nicht ausgeübt. Die entsprechende Forschung braucht lange Horizonte, das kann nur in öffentlicher Regie erfolgreich sein.

Rötzer: Mit größeren Umstellungen hängt die Frage zusammen, ob einzelne Staaten dafür noch die nötigen Handlungsmöglichkeiten haben. Sie fordern beispielsweise eine öffentliche digitale Infrastruktur, um der Entstehung und dem Missbrauch von Monopolen im Bereich der Online-Plattformen entgegenzuwirken. Lässt sich so etwas in einer globalisierten Welt wirklich noch realisieren?

Wagenknecht: Es ist eine Legende, dass die einzelnen Staaten nicht mehr handlungsfähig sind. Tatsächlich ist das ein Vorwand, wenn Politiker einfach nicht das Rückgrat haben, sich gegen bestimmte Konzernlobbys durchzusetzen oder von ihnen sogar gekauft sind. Gegen Steuerflucht kann man beispielsweise durchaus national vorgehen. Das zeigen sogar die USA. Dort ist die Pflicht zur Steuerzahlung nicht an den Aufenthaltsort, sondern an die Staatsbürgerschaft gekoppelt. Das könnten wir genauso machen, sodass man nicht mehr einfach durch einen Umzug oder sogar nur einen Zweitwohnsitz in der Schweiz oder in Österreich legal Steuern umgehen kann.

Auch gegen die Gewinnverschiebung großer Konzerne in Steueroasen ist ein Land nicht machtlos. Jeder Staat kann entscheiden, was in seinem Land besteuert wird. Wenn ein Staat entscheidet, dass von dem zu versteuernden Gewinn die Zinsen ebenso wie die Patent- und Lizenzgebühren, die an Konzernteile in Niedrigsteuergebieten fließen, nicht mehr absetzbar sind, dann würde den gängigen Steuer-Sparmodellen die Grundlage entzogen.

Der Staat könnte vieles leisten. Auch was die digitalen Plattformen betrifft, ist auf nationaler Ebene einiges möglich. Wenn beispielsweise die deutschen Verlage eine gemeinsame Website einrichten würden, wäre das bereits besser als nichts. Natürlich wären europäische Lösungen noch besser. Ein europäisches Google in gemeinnützigem Eigentum, ein europäisches Amazon als Plattform wären selbstverständlich besser als ein nationales, aber selbst wenn man so etwas zunächst nur in Deutschland etablieren würde, wäre das ein erster Schritt. Es ist Interessenpolitik, immer so zu tun, als ob die Staaten nichts mehr machen könnten. Das heißt auch, die Politiker aus der Verantwortung zu nehmen.

Rötzer: Um nationale Angebote zu machen und sie durchzusetzen, müsste man Verbote erlassen. So hat die Telekom eine ›Volksverschlüsselung‹ für E-Mails angeboten, nur nutzt sie kaum jemand. Es gibt Suchmaschinen wie Duckduckgo.com oder Yaci. net, die keine Daten speichern, aber sie werden von den meisten Menschen nicht angenommen.

Wagenknecht: Diese Suchmaschinen kennt kaum einer, ich auch nicht. Und dann ist allerdings auch wieder Bildung und Aufklärung gefordert, damit den Menschen überhaupt klar wird, was sie sich selber antun, wenn sie zu Datenkraken wie Google gehen. Wie viel über sie dort gespeichert wird und wie sich das rächen kann. Man muss aber überhaupt erst mal Alternativen kennen. Bei Facebook ist es ähnlich. Man kann Gesetze erlassen, dass die Unternehmen, die hierzulande soziale Medien anbieten, beispielsweise keine Daten auf Servern in den USA speichern dürfen, oder dass alle Daten nach einer gewissen Zeit gelöscht werden müssen.

Rötzer: Das trauen sich bislang aber nur autoritäre Staaten wie China.

Wagenknecht: Sie tun das aus anderen Gründen. Aber warum traut sich China etwas, was wir uns nicht trauen, obwohl der Schutz der Privatsphäre und der persönlichen Daten der Bürger heute notwendiger denn je ist? In unserem Falle ginge es nicht darum, dass wir das Internet kontrollieren, sondern darum, dass wir verhindern wollen, dass private Unternehmen die Kontrolle über uns haben, dass sie uns überwachen und mit den gesammelten Daten Geschäfte machen.

Die linke Bewegung in Deutschland

Rötzer: Ich glaube, dass viele Linken Ihnen in den Punkten, die sie bis jetzt angesprochen haben, zustimmen würden. Aber obwohl es einen großen Konsens innerhalb der politischen Linken zu solchen Themen – insbesondere zu Fragen der sozialen Gerechtigkeit – gibt, stellt sich mir die Frage, warum man letztlich trotzdem nicht zusammenfindet, beispielsweise im Bundestag. Es gibt ja schließlich in der jetzt noch laufenden Legislaturperiode eine politische Mehrheit. Warum sind die kleinen Differenzen so wichtig?

Wagenknecht: Im Bundestag gab es auch in der jetzt endenden Wahlperiode keine linke Mehrheit, weil die SPD und die Grünen keine linken Parteien mehr sind, auch gar nicht mehr sein wollen, das ist das Problem. Denn ihre Politik, angefangen mit der gemeinsamen rot-grünen Koalition unter Schröder bis zur SPD-Politik in der jüngsten Großen Koalition, hat mit linken Ansprüchen nichts zu tun. Hier gibt es keine kleinen Differenzen, sondern einen fundamentalen Widerspruch.

Die entscheidende Frage ist: Auf wessen Seite steht eine Partei?

Macht sie Politik für die Konzernfürsten, die Banker und die Rüstungslobbyisten oder für die Beschäftigten, die Rentner, die kleinen Selbständigen und die Arbeitslosen? Die SPD steht seit Gerhard Schröder auf der falschen Seite. Bei den Grünen ist es ähnlich.

Rötzer: Auf der Parteiebene mag das stimmen, aber man streitet doch seit Jahren, mittlerweile auch im Internet, innerhalb der unterschiedlichen, vermeintlich linken Gruppierungen um Deutungshoheit über den Ausdruck ›links‹.

Wagenknecht: Debatten unter dem Motto »Wer ist der Linkste?« langweilen mich und sind überflüssig. Für mich ist links, die soziale Frage zu stellen, die Verteilungsfrage. Längerfristig heißt es, sich nicht mit dem Kapitalismus abzufinden. Links ist, Partei für diejenigen zu ergreifen, die nicht zu den Gewinnern der heutigen Wirtschaftsordnung gehören, für die, die keinen großen Kapitalbesitz haben und ihre Arbeitskraft verkaufen müssen. Darin besteht für mich der Kern des Links-Seins: für mehr soziale Gerechtigkeit und weniger krasse Ungleichheit einzutreten.

Die Beschäftigten brauchen Regeln am Arbeitsmarkt, die sie in Verteilungskonflikten stärken, denn sie sind prinzipiell in einer schwächeren, abhängigen Position. Sie sind auf den Job angewiesen, während das Unternehmen, solange es keine echte Vollbeschäftigung gibt, immer auch jemand anderen einstellen kann. Je weniger spezielle Qualifikation eine Arbeit erfordert, desto größer ist diese Abhängigkeit. Die Agenda 2010 hat, das war ihr Kern, die Beschäftigten gegenüber dem Kapital wehrloser gemacht, denn mit Hartz IV ist der soziale Absturz bei Arbeitslosigkeit viel tiefer, als es zuvor der Fall gewesen ist. Und während ein Arbeitsloser früher nur eine der eigenen Qualifikation entsprechende Arbeit mit einem annähernd ähnlichen Gehalt, wie er es zuvor hatte, annehmen musste, ist man heute faktisch zur Annahme jeder Arbeit verpflichtet, auch von untertariflich bezahlter oder Leiharbeit.

Es sind die abhängig Beschäftigten, die einen starken Sozialstaat brauchen, der sie für ihre Lebensrisiken absichert und bei Krankheit, Jobverlust oder im Alter tatsächlich trägt. Diese Sicherungen wurden durch die Politik der letzten zwanzig Jahre immer mehr abgebaut. Wer sich an einer solchen Politik beteiligt, ist nicht links, auch wenn er vielleicht für die Homo-Ehe eintritt und für den Schutz der Privatsphäre vor staatlicher Überwachung. Das Letztere sind klassisch liberale Positionen, die richtig und wichtig sind und die auch Linke vertreten, aber sie machen nicht das Originäre linker Politik aus. Der Kern linker Politik ist, sich für die sozialen Interessen der großen Mehrheit der Bevölkerung einzusetzen, für soziale Sicherheit und gegen die Konzentration großer wirtschaftlicher Macht in wenigen Händen. Außerdem natürlich gegen Krieg und für eine friedliche Außenpolitik. Und langfristig für eine Überwindung des Kapitalismus, in dem die sozialen Bedürfnisse der Mehrheit immer Gefahr laufen, unter die Räder zu kommen. Wer dagegen die soziale Ungleichheit durch seine Politik massiv vergrößert, wer seine Zustimmung zu immer neuen Kriegsabenteuern gibt und eine massive Aufrüstung mitträgt, der macht das Gegenteil linker Politik.

Das gute Leben

Rötzer: Gehört zur linken Position nicht auch – um es mit etwas Pathos auszudrücken – eine starke emotionale Solidarität mit den Armen und Geknechteten? Ist Linkssein nicht eine solidarische Lebensform, die sich praktisch, also auf politischer Ebene, äußert?

Wagenknecht: Ich bin in die Politik gegangen, weil mich empört, unter welchen Bedingungen Menschen, selbst in den reichen Ländern, leben müssen. Wie wenig Chancen viele von vornherein bekommen. Für mein persönliches Lebensglück brauche ich die Politik nicht, im Gegenteil.

Rötzer: Linken wird oft vorgeworfen, dass sie selbst ein schönes Leben führten.

Wagenknecht: Ist man ein besserer Kämpfer für die Rechte von Ärmeren, wenn man schlecht lebt?

Rötzer: Bei Klaus Ernst war es der Porsche ...

Wagenknecht: Mir sind eher Politiker suspekt, die keinen Bezug zu einem schönen Leben haben, weil ich mich dann frage, aus welcher Motivation heraus sie sich dafür engagieren, dass es ihren Mitmenschen besser gehen soll. Ich weiß, dass ich wie alle Politiker materiell ein gutes Leben führe, ein besseres als viele, denen es im heutigen System schlecht geht. Deswegen setze ich mich ja dafür ein, dass sie einen höheren Anteil am gesellschaftlichen Reichtum erhalten. Wenn man unsere Steuerpolitik umsetzen würde, würde ich persönlich höhere Steuern zahlen, und ich würde dies sogar begrüßen.
Ist nicht der entscheidende Unterschied, ob jemand käuflich ist, ob einer, um sein eigenes gutes Leben zu erhalten oder richtig reich zu werden, die Interessen derer verrät, für die er sich einzusetzen vorgibt? Das ist verlogene Politik, aber nicht, wenn man gern in ein gutes Restaurant geht. Ja, ich liebe gutes Essen und ich trinke viel lieber guten als schlechten Wein. Wo ist das Problem? Ich wünsche mir, dass in Zukunft niemand mehr aus finanziellen Gründen beim Essen sparen oder schlechten Wein trinken muss.

Dafür mache ich Politik.

Rötzer: Das ist vielleicht ein Anknüpfungspunkt an den Humanismus und die Klassik. Das ultimative Ziel der Politik ist ja wohl kein Mindestlohn oder eine Grundsicherung, sondern die Vision eines schönen Lebens für alle. Es muss doch für eine linke Politik etwas mehr als die Armutsbekämpfung geben?

Wagenknecht: Ein gutes Leben heißt, abgesichert zu sein und keine materiellen Ängste mehr zu haben. Niemand sollte sich fürchten müssen, bei einer längeren Krankheit sozial abzustürzen oder im Alter arm zu sein. Das ist die Basis für ein schönes Leben. Aber dazu gehört natürlich noch mehr, allen voran eine Balance zwischen Arbeit und Freizeit, die es jedem ermöglicht, seine eigenen Vorlieben und Wünsche auszuleben. Das mag für den einen der regelmäßige Sport sein, für den anderen der Besuch guter Konzerte und für den dritten der Familienausflug oder einfach das Entspannen auf einer Sonnenliege.

Natürlich sind für ein wirklich schönes Leben auch Dinge wichtig, die die Politik nicht beeinflussen kann. Ohne einen Partner, den man liebt, ohne gute Freunde kann man schwer glücklich sein. Das sind die Ungerechtigkeiten des Lebens, die immer bleiben werden, der eine findet seine große Liebe, der andere hat immer wieder Pech. Daher wird es immer Menschen geben, die glücklicher sind als andere und die dafür dem Leben sehr dankbar sein müssen. Politischen Einfluss kann man nur auf die Rahmenbedingungen nehmen, aber die spielen ja schon eine wesentliche Rolle. Viele Beziehungen zerbrechen, weil der eine immer arbeitet und nie Zeit hat. Auch Arbeitslosigkeit oder Überschuldung stellen viele Paare vor Herausforderungen, die ihr Glück schnell zerstören können.

Gleichberechtigung

Rötzer: Gleichberechtigung und Gleichbehandlung leisten ebenfalls einen wichtigen Beitrag zu einem guten Leben. Sie äußern sich relativ wenig zur Frauenpolitik, also zu Frauenrechten, Gleichberechtigung und Emanzipation. Interessiert Sie das nicht so sehr oder halten Sie sich einfach zurück?

Wagenknecht: Gleichberechtigung ist letztlich eine soziale Frage. Wenn wir zum Beispiel über den Niedriglohnsektor reden, dann sind davon in erster Linie Frauen betroffen. Auch unter fehlenden Kita-Plätzen leiden vor allem Frauen. Ich kann mit der Emanzipationsdebatte, soweit sie sich von solchen sozialen Fragen löst und isoliert darüber streitet, ob man Studenten oder Studierende sagt, wenig anfangen. Mir geht es um eine reale Gleichstellung von Mann und Frau, um gleiche Rechte und gleiche Chancen. Dafür brauchen wir eine soziale Infrastruktur. Die Agenda 2010 war ein riesiger Rückschlag für Millionen Frauen in diesem Land, die in Niedriglohnjobs, unfreiwillige Teilzeit oder Minijobs abgedrängt wurden.

Eine heiß debattierte Frage in der Gleichstellungspolitik der letzten Jahre war die Einführung von Frauenquoten in Aufsichtsräten. Ich habe nichts gegen Quoten in Aufsichtsräten, das kann man machen und das ist wahrscheinlich auch sinnvoll, weil Frauen sonst nicht in diesen Männerklüngel hineinkommen. Das reale Problem von Millionen Frauen in diesem Land ist allerdings nicht, ob sie demnächst Mitglied eines Aufsichtsrats werden, sondern ob sie einen Betreuungsplatz für ihr Kind finden, bei dem sie es nicht um drei oder vier Uhr nachmittags wieder abholen müssen, und ob sie die Chance haben, ganztags zu arbeiten. So etwas wie das Rückkehrrecht von Teilzeit auf Vollzeit nach einer gewissen Erziehungszeit ist wichtig, und deshalb war es besonders schäbig, dass die Union das blockiert hat, obwohl es im Koalitionsvertrag schon vereinbart war. Aber ich muss ehrlich sagen, dass ich nicht verstehe, warum die SPD dann eben auch nicht den Mut aufbringt, den Koalitionsvertrag im Notfall gegen die Union, eben mit den Stimmen der Linken und der Grünen, durchzusetzen. Dafür hätte es ja jederzeit eine Mehrheit gegeben.

Rötzer: Spielt das Geschlecht in der Politik eine Rolle, beispielsweise in der Handhabung von Konflikten, oder ist es bei Machtpositionen egal, ob ein Mann oder eine Frau sie einnehmen?

Wagenknecht: Ich hätte mir sehr gewünscht, dass Jeremy Corbyn die Wahl in Großbritannien gewinnt, auch wenn dadurch eine Frau durch einen Mann ersetzt worden wäre. Oder nehmen wir Margaret Thatcher, die eine brutale Politik der sozialen Zerstörung in Großbritannien durchgesetzt hat. Dass sie eine Frau war, macht es nicht besser. Hillary Clinton hat als Außenministerin Kriege unterstützt und war für Drohnenangriffe mit vielen Toten mitverantwortlich. Die Vorstellung, dass Frauen generell die wärmere, menschlichere Politik machen, ist leider eine Illusion. Insofern würde ich ja gern dafür plädieren, dass Frauen die besseren Menschen sind, aber das lässt sich nicht wirklich belegen.

Rötzer: Sie meinen auch nicht, dass es in Ihrer Partei Unterschiede zwischen einem männlichen und einem weiblichen politischen Stil gibt?

Wagenknecht: Nach meiner Erfahrung nicht. Es gibt kooperative Frauen und intrigante Männer und umgekehrt.

Rötzer: Gelegentlich wird behauptet, dass Frauen untereinander eher zu Konkurrenz neigen, während bei Männern die Netzwerke stärker ausgeprägt seien.

Wagenknecht: Ob sie stärker sind, weiß ich nicht. Es gibt auch Männer, die sich bis aufs Messer bekämpfen, daher würde ich auch nicht zustimmen, dass Frauen generell stärker konkurrieren. Es wird zwar häufig von Zickenkrieg oder Stutenbeißerei geredet, aber ähnliche Rivalitäten gibt es bei Männern auch. Also auch die These, die Frauen seien in dieser Hinsicht besonders schlimm, ist abwegig.

Innerparteiliches

Rötzer: Im Frühsommer 2017 haben Sie auf einem Parteitag zum beginnenden Wahlkampf eine Rede gehalten, die offenbar die Parteimitglieder begeistert hat. Ist der Wahlkampf für eine Politikerin eigentlich eine Hochzeit oder eher eine Qualstrecke, die man eben durchlaufen muss, um die Kür am Wahlabend zu erleben?

Wagenknecht: Der Wahlkampf gehört zum Politikerleben. Schließlich will man mit seiner Politik Menschen überzeugen und Rückhalt gewinnen, sonst verändert man ja nichts. Andererseits ist er natürlich schon eine Zeit, die von ständigem Termindruck, man kann auch sagen, von ständiger Terminhatz und viel Stress geprägt ist, sodass man sein normales Leben fast gar nicht mehr führen kann. Insoweit muss ich ehrlicherweise sagen, dass ich nach Wahlkämpfen immer froh bin, wenn sie vorbei sind und das Wahlergebnis hoffentlich gut ist. Im Wahlkampf bestehen die öffentlichen Termine, die man hat, vor allem aus Reden auf Marktplätzen und aus Podien, auf denen dann Vertreter aller Parteien sitzen. Diese Diskussionen sind selten inspirierend. Außerhalb des Wahlkampfs gibt es eher Termine mit interessanten Leuten, man kann mit Ökonomen diskutieren, mit Wissenschaftlern, mit Philosophen, und das ist meistens viel produktiver und interessanter. Aber im Wahlkampf steht der übliche Schlagabtausch der Parteien im Vordergrund.

Rötzer: Sie haben einen Tag nach dem anderen Termine und müssen Reden halten. Sagen Sie da jedes Mal etwas anderes oder hängt das davon ab, welche Leute im Publikum sind? Lernen Sie die Leute, zu denen Sie sprechen, dabei überhaupt ein bisschen kennen?

Wagenknecht: Natürlich muss man die Interessen der Zuhörer berücksichtigen. Wenn ich an einer Schule bin und nur über Rente rede, bringt das die Schüler vermutlich zum Gähnen. Ich habe vor kurzem vor Vereinen und Verbänden gesprochen, also vor Menschen, die sich ehrenamtlich engagieren. Ich gehe dann stärker auf deren Arbeit ein, auf ihre Schwierigkeiten und Probleme. Wenn ich vor Kommunalpolitikern spreche, stehen die Probleme von Städten und Gemeinden im Mittelpunkt. Und dann gibt es eben die Standardveranstaltungen, die eigentlich den Wahlkampf prägen, wo man auf dem Platz steht und eine Rede hält. Da muss man relativ kurz, knapp und prägnant seine politischen Ziele und den Unterschied zu anderen Parteien verdeutlichen, also warum es wichtig ist, gerade die LINKE zu unterstützen.

Alle anderen Parteien in Deutschland stehen ja faktisch für ein politisches Weiter-so. Sie wollen an Niedriglöhnen, Hartz IV und Armutsrenten nichts Wesentliches ändern und den Sozialabbau der letzten Jahre nicht zurücknehmen, zu dem sie überwiegend auch selbst beigetragen haben. Ich versuche dann in meinen Reden deutlich zu machen, dass es zu einem Leben in großer sozialer Unsicherheit durchaus Alternativen gibt und dass, auch wenn die

LINKE sie allein nicht durchsetzen kann, eine starke linke Opposition ein entscheidender Faktor ist, um die anderen Parteien unter Druck zu setzen. Und sei es auch nur, damit sie den Sozialabbau nicht weiter vorantreiben. Das zumindest ist uns in den letzten Jahren im Großen und Ganzen gelungen. Auch die Einführung des Mindestlohnes hätte es ohne eine starke LINKE wohl nicht gegeben. Ich habe kein Manuskript für diese Reden, insoweit variieren die Inhalte natürlich immer ein bisschen, weil es an dem einen Tag irgendeine aktuelle Meldung gibt, ein Thema stärker im Fokus steht als ein anderes, aber im Kern ist der Inhalt doch sehr ähnlich.

Rötzer: Wir hatten schon über Ihre Rede auf dem Parteitag gesprochen, die offenbar bei allen Anwesenden ausgesprochen gut ankam. Es gab keine Kritik und großen Beifall. Wie ist denn Ihre Beziehung zu den anderen Parteimitgliedern? Steht man hinter Ihnen oder hat sich Ihr Verhältnis zu der Partei in den letzten Jahren verändert? Sie standen zunächst eher am äußeren linken Rand und sind jetzt in die Mitte gerückt. Ist das zutreffend? Spielte hierbei vielleicht sogar Druck seitens der Partei eine Rolle?

Wagenknecht: Ich habe meine Positionen noch nie aufgrund irgendeines Drucks verändert. Das würde ich auch nicht tun, denn ich vertrete das, was ich für richtig halte. Wenn es Übereinstimmungen gibt, gibt es Übereinstimmungen und wenn nicht, dann eben nicht. Aber innerhalb der Partei, gerade auch bei den Mitgliedern, finden die Positionen, die ich vertrete, breiten Rückhalt. Die LINKE wurde weder gegründet, um sich den anderen Parteien anzubiedern, noch, um irgendwann selbst Sozialabbau mitzumachen oder die Bundeswehr in Kriege zu schicken. Es reicht schon, dass sich die anderen Parteien nicht mehr unterscheiden und dass sie alle im Wesentlichen für die gleiche Politik stehen.

Die Menschen, die sich bei uns engagieren, wollen etwas anderes. Es sind ja auch viele darunter, die aus Enttäuschung von der SPD oder den Grünen zur LINKEN gekommen sind.

Es ist beliebt bei den Medien, immer wieder zu schreiben, dass Wagenknecht und die LINKE zwei Paar Schuhe sind. Damit versucht man, eine künstliche Trennung herzustellen, damit die Leute, die mich gut finden, trotzdem nicht die LINKE wählen. »Sie sind in der falschen Partei« höre ich leider immer öfter. Aber wenn es so wäre, hätte die LINKE mich ja nicht zu ihrer Spitzenkandidatin gemacht. Es gab einige Funktionäre der Linken, die das nicht wollten, aber sie haben sich in der Partei nicht durchsetzen können.

Natürlich habe ich im Laufe der Zeit meine Positionen verändert, das ist doch normal. Wenn ich zu dem Punkt komme, dass eine bestimmte Meinung, die ich vorher vertreten habe, nicht richtig oder einseitig war, wenn ich durch gute Argumente überzeugt werde oder weil ich mich in ein bestimmtes Themengebiet tiefer eingearbeitet habe, dann korrigiere ich mich. Aber das geschieht dann aus der Überzeugung, dass eine andere Position die richtige ist. Wer mit Mitte vierzig noch in allen Details das vertritt, was er mit Anfang zwanzig vertreten hat, scheint mir eher verbohrt als standfest zu sein.

Rötzer: Sind Ihre Genossen denn nicht mitunter neidisch, dass Sie als Gesicht der LINKEN meist ganz vorne stehen und immer wieder zu Talkshows und öffentlichen Auftritten eingeladen werden? Der Scheinwerfer der medialen und öffentlichen Aufmerksamkeit ist, was Ihre Partei betrifft, schon sehr stark auf Sie ausgerichtet.

Wagenknecht: Zwischen mir und meinem Co-Vorsitzenden Dietmar Bartsch gibt es eine sehr gute Zusammenarbeit, wir ergänzen uns, da spielen solche Rangeleien keine Rolle. Für andere gilt das nicht unbedingt. Aber das ist in jeder Partei so, dass Eitelkeiten und persönliche Rivalitäten eine Rolle spielen und manchmal sogar das Politische überlagern. Natürlich gibt es Menschen, die vor allem deswegen in die Politik gegangen sind, weil sie im Rampenlicht stehen wollen. Wenn sie dann das Gefühl haben, dass immer jemand vor ihnen steht, stört sie das, und dann werden manchmal aus wenig politischen Erwägungen Kleinkriege geführt. Aber, wie gesagt, das gibt es in jeder Partei. Das gehört wohl zur Politik. Wichtig ist nur, dass es nicht überhandnimmt.

Nehmen wir zum Beispiel Sigmar Gabriel und Martin Schulz. Gabriel war, obgleich er Schulz selbst nominiert hat, natürlich in seinem tiefsten Innern verletzt, dass sich nach seinem Rücktritt eine unglaubliche Erleichterung breitmachte und Schulz in allen Umfragen blitzartig nach oben ging. Gabriel konnte es deshalb auch schwer verbergen, dass es eine innere Befriedigung für ihn war, als die Begeisterung für Schulz abebbte und seine – Gabriels – Beliebtheitswerte stiegen, obwohl Schulz' Abstieg nicht im Interesse der SPD sein kann. Dass Gabriel den prestigeträchtigen Posten des Außenministers für sich reklamierte und Schulz die Rolle eines außerparlamentarischen Vortragsreisenden überließ, war auch nicht unbedingt im Sinne eines SPD-Wahlerfolgs. Gabriel veranstaltet auch gerne mal eine Pressekonferenz, während Schulz gerade eine Rede hält. Aber da in der Politik eben Menschen handeln, mit all ihren Schwächen und Eitelkeiten, ist das nichts Ungewöhnliches.

Rötzer: Das zeigt natürlich wieder einmal, dass Politik sehr stark von Persönlichkeiten abhängt. Gibt es aus Ihrer Sicht bestimmte Merkmale, die ›erfolgreiche Politiker‹ auszeichnen? Also gewissermaßen einen Typus von Politiker, der gut ankommt?

Wagenknecht: Ich glaube, es gibt zwei Wege zum politischen Erfolg. Auf der einen Seite steht der erfolgreiche Netzwerker, der Verbindungen knüpft, Fäden spinnt, sich eine Machtbasis aufbaut und persönliche Beziehungen pflegt. Der Klassiker eines solchen Netzwerkers war Helmut Kohl. Er war vielleicht einer der erfolgreichsten Machtpolitiker, der natürlich auch davon lebte, dass er lange Zeit von seinen innerparteilichen Konkurrenten unterschätzt wurde. In der CDU hätte es damals einige gegeben, die ihm in Sachen Ausstrahlung und Charisma überlegen waren, aber er hat sie alle ausgebootet.

Letzteres hat er mit Frau Merkel gemeinsam, die das machtpolitische Handwerk selbstverständlich auch perfekt beherrscht. Sie hatte zunächst keine Machtbasis, sondern hat die Gelegenheit geschickt genutzt, als die CDU wegen der Spendenaffäre in einer Krise steckte und die meisten führenden CDU-Politiker als belastet galten. Ich gehe davon aus, dass die damals federführenden Männer in der CDU sie als bloße Übergangslösung gesehen haben. Aber sie hat sich dann ihre Machtbasis aufgebaut und mögliche Konkurrenten Schritt für Schritt weggedrängt. Mit einer ziemlichen Brutalität, die ihr wahrscheinlich die wenigsten zugetraut hätten.

Merkels Wirkung beruht ja – ähnlich wie bei Kohl – nicht darauf, dass sie eine brillante Rednerin wäre und bei ihren Auftritten die Menschen mitreißen würde. Ihre Beliebtheitswerte, die angesichts der äußerst mageren Bilanz ihrer Regierungszeit eher erstaunlich sind, beruhen vielmehr darauf, dass sie bescheiden und zurückhaltend wirkt und man ihr – ich glaube, sogar zu Recht – nicht zutrauen würde, sich nach ihrer politischen Karriere an den erstbesten Konzern zu verkaufen, um Millionen zu scheffeln. Hauptsächlich scheint sie aber deshalb so unangefochten zu sein, weil sie das Glück hatte, immer schwache Herausforderer zu haben. Deshalb kommt sie mit ihrem »Sie kennen mich«-Wahlkampf immer wieder durch.

Der andere Typ Politiker ist der Charismatiker, der aufgrund seiner Ausstrahlung und seines Talents, mitreißende Reden zu halten, die Menschen erreicht und dank dieser öffentlichen Wirkung am Ende auch in der eigenen Partei unterstützt wird. Ganz ohne Netzwerken geht es da auch nicht, aber es spielt eine etwas geringere Rolle. Perfekt und kaum aufzuhalten sind natürlich die, die beides können. Ich selbst bin eine sehr schlechte Netzwerkerin, das ist wahrscheinlich meine große Schwäche in der Politik.

Die LINKE und die SPD

Rötzer: Nun sprachen Sie bereits von Schulz, Gabriel und Merkel. Wenn von dieser Personenkonstellation die Rede ist, drängt sich die Frage auf, ob sich die SPD über die persönlichen Konkurrenzen hinweg so auf den Machterhalt konzentriert, dass sie keine echte Alternative zur Union schafft und deswegen scheitert?

Wagenknecht: Am Ende verlieren sie vermutlich sogar die Macht, weil Merkel sie nicht mehr braucht. Wenn Martin Schulz so weitermacht, bekommen wir eher Schwarz-Gelb oder Jamaika, also eine Koalition von Union, FDP und Grünen. Die SPD manövriert sich mit ihrer jahrelangen Politik gegen ihre eigenen Wähler ins Aus. Und dabei ist es nicht schwer zu sehen, was erfolgreicher wäre. Schulz hatte am Anfang einen Aufschlag gemacht, der den Leuten wieder Hoffnung gegeben hat: Hoffnung auf einen Kurswechsel der SPD, zurück zu einer sozialdemokratischen Politik. Dazu gehörte, dass er die Agenda 2010 kritisiert und angekündigt hat, soziale Gerechtigkeit ins Zentrum seines Wahlkampfes zu stellen. Das genügte, um ihn in den Umfragen kometenhaft aufsteigen zu lassen. Aber es genügte natürlich nicht auf Dauer. Es war ein Versprechen, und die Menschen gaben ihm zunächst Vertrauensvorschuss, dass er dieses Versprechen auch einlösen würde. Aber genau das hat er leider nicht getan. Stattdessen hat er in den folgenden Monaten die Hoffnung zerstört, dass er die SPD von ihrer Agenda-Politik wegführen könnte. Den traurigen Schlusspunkt dieser Desillusionierung bildete der SPD-Parteitag, auf dem ausgerechnet Gerhard Schröder, der den größten Sozialabbau seit dem Ende des Zweiten Weltkriegs zu verantworten hat, bejubelt und ein Wahlprogramm beschlossen wurde, dass so mutlos, zahm und angepasst daherkommt, dass selbst die Programmatik von 2013, als Steinbrück Kanzlerkandidat war, im Vergleich dazu fast rebellisch wirkt. Damals waren immerhin noch die Vermögenssteuer oder die Rücknahme der Rente ab 67 die Forderungen der SPD, jetzt wird bei der Rente der Status quo verteidigt und steuerpolitisch klar signalisiert, dass die Superreichen von der SPD jedenfalls nichts zu befürchten haben.

Den gegenteiligen Weg ist übrigens Jeremy Corbyn, der Parteivorsitzende der Labour-Partei in Großbritannien, gegangen. Er hat Labour, die unter Tony Blair ja auch zu einer hoffnungslos neoliberalen Partei geworden war, die Politik für die Londoner City und die Oberschicht gemacht hat, wieder zu einem sozialdemokratischen Programm zurückgeführt und das trotz aller Angriffe und der Anfeindungen durchgehalten. Und er hat gezeigt, so kann man Wahlen gewinnen oder jedenfalls aus einer fast aussichtslosen Ausgangsposition heraus 40 Prozent holen.

Schulz hatte anfänglich eine gewisse Offenheit für mögliche Regierungsoptionen, auch gegenüber der LINKEN, beispielsweise im Saarland. Aber dann merkte er, dass ihm deswegen in den Medien der Wind ins Gesicht blies. Nach der Saarland-Wahl im März 2017, bei der die SPD zwar nicht die Erwartungen des sogenannten

Schulz-Effekts erfüllen konnte, aber eigentlich gar nicht schlecht abgeschnitten hatte, denn es war die einzige Landtagswahl 2017, bei der sie keine Stimmen verloren hat, ging eine richtige Kampagne los, dass Rot-Rot die Wähler verschrecke und dass man um Gottes Willen nicht auf diesem Weg weitergehen dürfe. Aber das, wozu man Schulz drängen wollte, war nur vordergründig die Absage an Rot-Rot. Viel wichtiger war die Absage an konsequente soziale Forderungen, bei denen ja klar gewesen wäre, dass sie sich weder mit der Union noch mit der FDP umsetzen lassen. Eine wieder sozialdemokratische SPD hätte eigentlich nur einen natürlichen Koalitionspartner, und das wäre die LINKE. Die Absage an Rot-Rot war daher auch die Absage an einen neuen Kurs in der SPD, an das Ziel, wieder sozialdemokratische Politik zu machen. Dazu hat Schulz sich treiben lassen, von der Union und von Interessengruppen aus der Wirtschaft, die genug Einfluss auf die Medien haben, um eine solche Kampagne zu initiieren. Man konnte zusehen, wie Schulz, erschrocken angesichts dieses enormen Drucks, seinen Kurs korrigierte. Aber damit verspielte er die Chancen, die er zunächst hatte.

Was die Rolle wichtiger Leitmedien angeht, gibt es da viele Parallelen zu Großbritannien. Corbyn wurde als rückwärtsgewandt beschimpft, als Unglück und Sargnagel für die Labour-Party. Ihm wurde eine katastrophale Niederlage vorausgesagt, übrigens auch von deutschen Sozialdemokraten. Man bekämpfte ihn. Aber anders als Schulz ist Corbyn nicht umgefallen, selbst dann nicht, als es eine regelrechte Medienhetze auf unterstem Niveau gegen ihn gab. Gerade das macht auch seine Glaubwürdigkeit aus, er war sein ganzes Leben lang glaubwürdig. Und das war letztlich der entscheidende Grund seines Erfolgs.

Wie Labour unter Blair hatte auch die SPD mit Gerhard Schröders Agenda 2010 ihre sozialdemokratische Seele verkauft. Seither macht sie Politik gegen ihre klassischen Wählergruppen, gegen Arbeitnehmer, Rentner, Arbeitslose. Und seither laufen ihr verständlicherweise Wähler und Mitglieder weg. Die, die von ihrer Politik profitiert haben, Spitzenverdiener, die Inhaber großer Unternehmen oder schwerer Aktienpakete, die wählen sie ohnehin nicht.

Ich erinnere mich noch an diese traurige Rede von Frank-Walter Steinmeier vor einer Tagung der Arbeitgeberverbände und Wirtschaftsbosse, wo er die Anwesenden fast schon kläglich fragte: Wieso seid ihr eigentlich so gegen uns,? Wir haben doch die Steuergesetze in eurem Interesse verändert, wir haben so viel für Euch getan, wie keine andere Partei. Das war ungewollt ehrlich, aber gerade deshalb so traurig. Natürlich, wenn die SPD sich wieder stärker sozial ausrichten, wenn sie etwa zur Politik Willy Brandts zurückkehren würde, dann würde sie von den Mächtigen und Superreichen bekämpft. Das war bei Brandt seinerzeit ja genauso. Aber es scheint so, als sei bei denen, die heute in der SPD das Sagen haben, die Bereitschaft, so einen Kampf durchzustehen, völlig verloren gegangen. An der Basis gibt es sicherlich noch viele engagierte Sozialdemokraten, aber sie haben anscheinend wenig Einfluss auf die Politik der SPD-Führung.

Rötzer: Eine Veränderung der Politik würde wohl vernehmlich eine Annäherung an die LINKE bedeuten. In der SPD scheint es aber eine Abgrenzungshysterie zur LINKEN zu geben. Das hat man eben im Saarland wieder einmal sehen können. Schon bei der geringsten Andeutung einer Annäherung entwickelt die SPD Panik. Was ist aus Ihrer Sicht der Grund dafür?

Wagenknecht: Wir sind das parteigewordene schlechte Gewissen der SPD, denn wir stehen für die Ziele, von denen die meisten SPD-Mitglieder und auch die Funktionäre wissen, dass das früher ihre Ziele waren. Deswegen sind die Diskussionen so absurd. Wenn die LINKE die Wiederherstellung des Sozialstaates, das

Zurückdrängen schlecht bezahlter, unsicherer Jobs oder einen höheren Mindestlohn verlangt, sind das alles klassisch sozialdemokratische Forderungen, die die SPD einmal vertreten und in ihrem Programm hatte. Das wissen sowohl die Mitglieder als auch die Funktionäre der SPD.

Wenn jetzt führende SPD-Politiker behaupten, wegen unserer ›Maximalpositionen‹ sei keine Koalition möglich, dann zeigt das den weiten Weg, den diese Partei hinter sich hat. Übrigens auch außenpolitisch. »Von deutschem Boden darf nie wieder Krieg ausgehen« war das Credo Willy Brandts. Noch im Berliner Parteiprogramm der SPD von 1989 war die Forderung nach Ersetzung der NATO durch eine neue europäische Friedensordnung unter Einschluss Russlands enthalten. Einer deutschen Beteiligung an Angriffskriegen hätte die SPD über viele Jahrzehnte nicht zugestimmt, selbst bei der CDU war das ja lange Konsens. Heute sind es angebliche Ausschlussgründe, wegen denen die LINKE nicht ›regierungsfähig‹ sein soll.

Von Tucholsky stammt das Gleichnis von dem Hund, der aggressiv wird, sobald er das Geheul freier Wölfe hört, weil er es nicht aushält, dass der wilde Artgenosse ihn an seine eigene nichtdomestizierte Vergangenheit erinnert und ihm das ganze Elend seiner unfreien, angeleinten Existenz vor Augen führt. Er reagiert gerade deshalb so wütend, weil er um die Verwandtschaft weiß. Dieses Gleichnis passt sehr gut auf das gespaltene Verhältnis der SPD zur Linken.

Eigentlich sollten Wahlen ja dazu dienen – das ist die schöne Theorie – dass man den Bürgern eine Wahl zwischen unterschiedlichen Regierungsoptionen gibt, und zwar nicht nur zwischen Farben, sondern zwischen realen, klar unterschiedenen Regierungsprogrammen. Zu den Zeiten von Strauß und Brandt war noch klar, dass diese beiden Politiker zwei völlig unterschiedliche Regierungsprogramme vertraten. Man hatte eine Wahl. Heute wählen die Leute und wissen, es geht im Großen und Ganzen doch weiter wie bisher.

Die letzten zwanzig Jahre hatten wir verschiedene Koalitionen im Bundestag, aber im Kern war es immer die gleiche Politik. Alle haben gleichermaßen soziale Leistungen abgebaut, die Ungleichheit vergrößert und einer Zunahme von Niedriglohnjobs und Armut zugeschaut oder sie sogar aktiv befördert. In dieser Hinsicht gibt es keine wesentlichen Unterschiede.

Rötzer: Man hat immer den Eindruck, dass innerhalb der SPD das Verhältnis zur LINKEN und auch zu Ihnen stark von Irrationalität geprägt ist und dass es eine emotionale Aversion gibt. Geht es hier mehr um persönliche Gründe, beispielsweise zwischen Gerhard Schröder und Ihrem Mann Oskar Lafontaine?

Wagenknecht: Bei den Aversionen gegen Oskar Lafontaine spielt natürlich eine Rolle, dass er zwar als Parteivorsitzender 1998 Schröder den Vortritt bei der Kanzlerkandidatur überlassen hat, aber 2005 auch dafür gesorgt hat, dass Schröder abgewählt wurde. Wenn Oskar Lafontaine nicht erneut kandidiert hätte, hätte Merkel die Wahl ziemlich sicher nicht gewonnen. Es war ja äußerst knapp, und die alte PDS wäre vermutlich nicht in den Bundestag gekommen. Schröder hegt mit Sicherheit einen lebenslangen Groll deshalb.

Andere allerdings haben eigentlich keine persönlichen Gründe. Als sich das Verhältnis zur SPD etwas entspannt hatte, vor einem guten Jahr, habe ich mit verschiedenen Sozialdemokraten zusammengesessen. Es gibt durchaus Leute bei der SPD, mit denen man ein normales Gespräch führen kann und bei denen man das Gefühl hat, da gibt es eine Offenheit. Aber es gibt auch andere.

Politik aus Überzeugung

Rötzer: Den Abgrenzungsdrang bekommen Sie ja auch zu spüren. Sie sind häufig in politischen Talkshows zu sehen, in denen Sie des Öfteren, insbesondere von Rot-Grün, unter Beschuss stehen und mitunter auch von den Moderatoren geschnitten werden. Sie treten dort, wie auch sonst in der Öffentlichkeit, immer sehr kontrolliert auf und werden daher von vielen als hart und cool wahrgenommen, obgleich Sie die Außenseiterin spielen. Sie bleiben auch bei persönlichen Angriffen gelassen, regen sich nicht auf, sinken nicht zurück, sondern versuchen, sachlich auf der Argumentationsebene zu bleiben.

Wagenknecht: In einer Talkshow ist man immer im Kampfmodus. Ich versuche, mich bei solchen Auftritten zu kontrollieren, um nicht auszurasten. Ich habe dort schon manchmal mit Leuten gesessen, die hätte ich ohrfeigen können, aber natürlich hat man in erster Linie selbst verloren, wenn man sich aus der Fassung bringen lässt. Deshalb gebe ich mir Mühe, sachlich und nach Möglichkeit ruhig zu bleiben. Nach außen wirkt das wahrscheinlich dann eher kühl, aber eine Talkshow ist ja auch keine Party, wo man fröhlich feiert und aus sich herausgeht.

Es gibt da auch eine gewisse Ungerechtigkeit: Wenn ein Mann ausrastet, wird das weit eher akzeptiert, das wird dann als taff und selbstbewusst wahrgenommen. Wenn eine Frau ausrastet, gilt sie schnell als hysterisch. Aber ich finde auch, dass man sich in der öffentlichen Auseinandersetzung beherrschen können muss. Letztlich, wenn man überzeugt ist, die besseren Argumente zu haben, dann muss man nicht schreien und keifen.

Ich erlebe aber auch immer wieder, dass Leute, die mich außerhalb des Scheinwerferlichts kennenlernen, völlig verblüfft sind und mir sagen: »Du bist ja ganz anders, als wir dich im Fernsehen

sehen.« Das hängt natürlich mit dem Irrtum zusammen, dass man in so einer Talkshow wie in einer privaten Runde säße. Privat verhält man sich natürlich anders, während man auf einem öffentlichen Podium, im Bundestag oder eben in einer Talkshow in der Regel von Leuten umgeben ist, die nur darauf lauern, dass man irgendeinen Fehler macht.

Zum Glück gibt es manchmal auch Runden, die interessant sind, ohne diese vergifteten Debatten. Manchmal sitzt man dann einfach mit klugen Leuten zusammen, mit denen man sich trotz unterschiedlicher Ansichten ganz sachlich austauschen kann. Solche Runden sind natürlich viel entspannter, aber sie werden leider immer seltener. In den meisten Talkshows wird man angegriffen, oft unfair oder mit bewussten Verfälschungen der eigenen Position. Da muss man sich dann wehren.

Rötzer: Welche Rolle spielt dabei Ihr Äußeres? Sind das alles bewusste Akzentuierungen?

Wagenknecht: Ich kleide mich so, dass ich mich wohlfühle. Das ist mir wichtig. Deshalb habe ich auch nie den Rat eines Imageberaters eingeholt. Denn wenn ich in der Öffentlichkeit auftreten würde und hätte Sachen an, die mir so einer aufgeschwatzt hätte, um vielleicht jünger oder legerer zu wirken, und das wäre aber eigentlich nicht mein Stil, dann würde ich mich unsicher fühlen. Das will ich nicht.

Wichtiger ist natürlich, dass ich mich beim Thema der Sendung sicher fühle. Bei Fragen der Wirtschafts- und Sozialpolitik kann ich im Großen und Ganzen davon ausgehen, dass da keiner sitzt, der sich wesentlich besser auskennt als ich, Details ausgenommen. Das ist ja einer der Gründe, warum ich mich so intensiv mit Ökonomie und Volkswirtschaftslehre beschäftigt habe: Ich will mich in meiner Argumentation sicher fühlen. Daher gehe ich nicht gern in Sendungen zu Themen, von denen ich nur relativ oberflächliche Kenntnisse habe. Das versuche ich zu vermeiden. Viele Politiker haben damit kein Problem. Sie bekommen vorher einen Sprechzettel, den sie abarbeiten. Um eine Stunde Talkshow zu überbrücken, reicht das meistens, aber irgendwie merkt man es doch, ob da jemand sitzt, der auch die Hintergründe kennt, oder einer, der vorher nur ein paar flotte Sprüche zum Thema einstudiert hat.

Klar ist es für mich auch wichtig, wie ich aussehe. Das gilt ja für jeden Menschen, wer das leugnet, sagt vermutlich die Unwahrheit. Es spielt eine Rolle, wie man gekleidet und wie man geschminkt ist. Man hat mehr Selbstvertrauen, wenn man das Gefühl hat, dass da alles gut passt. Wenn ich zum Beispiel furchtbar gestresst und übermüdet bin und man mir das ansieht, stört mich das natürlich.

Rötzer: Gibt es für Sie also eine Kluft zwischen dem Auftritt als öffentliche Person und als Privatperson?

Wagenknecht: Sicher, in der Öffentlichkeit wird man immer belauert, man darf nichts falsch machen, jeder falsche oder missverständliche Zungenschlag kann einem auf die Füße fallen. Man muss sich also immer kontrollieren. Es reicht manchmal schon ein einzelner Versprecher, was jedem mal passiert. Wenn er besonders doof oder lächerlich wirkt, dann wird heutzutage garantiert ein Youtube-Video daraus, das dann im Netz hoch und runter läuft.

Im Privaten gibt es das alles nicht. Da kann man sich zurücklehnen und auch mal gehen lassen. Da braucht man auch nicht super geschminkt und frisiert zu sein, sondern man ist einfach, wie man ist. Ich bin sehr froh, dass ich im privaten Leben sehr viel Glück und Ausgleich finde, das ist meine Rückzugslinie, die mir viel Kraft gibt. Wenn ich das nicht hätte, könnte ich das politische Haifischbecken nicht aushalten. Manchmal hat man Erfolge, aber oft gibt es auch Ärger, Anfeindungen, Intrigen, unergiebige Auseinandersetzungen. Es gibt natürlich auch sehr schöne Momente, manchmal nach einer Bundestagsrede oder einer Talkshow läuft das Mail-Postfach über, und man bekommt unglaublich herzliche Rückmeldungen. Oder wenn man irgendwo auftritt, und es kommen Hunderte, manchmal sogar über tausend Leute, und es ist eine tolle Stimmung auf dem Platz oder im Saal. Oder schließlich, wenn eine Wahl gewonnen wird, das ist natürlich ein schönes Gefühl. Aber vieles im Politikbetrieb nervt, und manchmal fragt man sich da schon, ob es lohnt. Ob man mit seiner Arbeit wirklich etwas bewegt. Oder ob vieles nicht einfach verlorene Lebenszeit ist. Wenn ich dann nicht wüsste, ich habe ein Zuhause, wo ich immer hinkann und wo ich sehr glücklich bin, würde ich das nicht aushalten. So habe ich trotz des Stresses und der vielen Termine ein sehr schönes Leben, und egal wie die Politik läuft, das kann mir keiner nehmen.

Rötzer: Wo ist Ihr Zuhause?

Wagenknecht: In Silwingen, im Saarland. Hier finde ich die Ruhe, die Natur, die Entspannung und vor allem die glückliche Zweisamkeit, die ich brauche.

Rötzer: Sie haben doch in Berlin sicher auch eine Wohnung?

Wagenknecht: Ja, das ist meine alte Studentenwohnung, in die ich 1988 eingezogen bin, insoweit ist sie sogar ein bisschen mehr als nur eine Abgeordnetenwohnung. Das war meine erste Wohnung. In ihr habe ich damals dieses reichliche Jahr mit Lesen verbracht. Damals hatte sie allerdings noch einen viel rustikaleren Standard.

Man musste zum Heizen noch Kohlen schleppen, aus einem engen feuchten Keller vier Etagen hoch. Heute ist sie saniert. Dort bin ich, wenn ich in Berlin sein muss, aber auch keinen Tag länger.

Rötzer: Reagieren die Menschen, denen Sie begegnen, wenn Sie privat unterwegs sind, eher positiv auf Sie? Auch Wähler anderer Parteien?

Wagenknecht: Meistens sind die Reaktionen sehr nett. Klar, ich bin auch schon auf der Straße beschimpft worden, aber so was gibt es heute nur noch selten. Oft kommen Leute zu mir und wollen ein Selfie. Auch die meisten der häufig hundert bis zweihundert E-Mails, die ich täglich bekomme, sind freundlich. Klar gibt es auch kritische, aber auch die sind meistens sehr sachlich. Und ab und an gibt es natürlich auch anderes, Leute, die mich wüst beschimpfen und mir empfehlen, doch nach Nordkorea auszuwandern. Ich kann aus Zeitgründen natürlich nicht alle Mails beantworten, aber ich lese sie alle, darauf kann sich jeder verlassen. Es gibt auch viele, die zwar sagen, dass sie meine Meinung in wichtigen Punkten nicht teilen, mich aber trotzdem als Person gut finden.

Rötzer: Das könnte heißen, dass Sie jenseits politischer Inhalte eine Glaubwürdigkeit personifizieren, die von Wählern jeglicher Couleur gesehen wird. Werden Sie damit als Person erkannt, die das lebt, was Sie als Politikerin vertreten?

Wagenknecht: Ich hoffe, dass man das spürt. Ich vertrete, das habe ich ja nun oft genug unter Beweis gestellt, keine Sachen, hinter denen ich nicht stehe. Aus Parteiräson die eigene Meinung zu verleugnen und das Gegenteil zu sagen, das könnte ich gar nicht. Wenn meine Meinung in einzelnen Punkten von der Mehrheitsmeinung der Partei abweicht, versuche ich, zumindest in Wahlkämpfen ein Thema zu vermeiden, das kann man von einer Spitzenpolitikerin auch verlangen. Aber ich würde nicht das Gegenteil meiner Überzeugung vertreten, da käme ich mir völlig unehrlich vor. Ich bin ja in die Politik gegangen, um für bestimmte Veränderungen zu streiten, und nicht, weil ich einen Job brauchte, in dem ich dann irgendwie funktionieren muss. Als Autorin und Publizistin konnte ich mich vorher auch ganz gut über Wasser halten.

Rötzer: Könnte es zu Problemen bei einer etwaigen Koalitionsbildung kommen, wenn Sie sagen, dass sie nie Positionen vertreten würden, hinter denen Sie nicht auch stehen?

Wagenknecht: Ich würde kein Koalitionspapier unterschreiben, dessen Grundrichtung ich für falsch halte. Dann würde ich mich auch öffentlich dagegen aussprechen. Oft muss man sich in der Politik aber mit weniger zufriedengeben, als man gern hätte. Nehmen wir ein Beispiel: Wir fordern eine Vermögenssteuer von fünf Prozent auf Vermögen oberhalb einer Million Euro. Nun haben wir allerdings in Ballungsräumen einen unglaublichen Boom der Immobilienpreise. Ein Mittelklassehaus bekommt da schnell einen Wert, der nicht allzu weit von der Million weg ist. Außerdem müssen gerade Selbständige, die keinen Anspruch auf gesetzliche Rente haben, natürlich für ihr Alter vorsorgen. Bei den aktuellen Niedrigzinsen braucht man ein ziemliches Vermögen, wenn man im Alter seinen Lebensstandard einigermaßen halten will. Wenn ein möglicher Koalitionspartner fordern würde, die Freibeträge weiter zu erhöhen, bis die Vermögenssteuer greift, und zunächst vielleicht auch mit niedrigeren Steuersätzen zu beginnen, wäre da sicher ein akzeptabler Kompromiss zu finden. Es wäre ja schon ein unglaublicher Fortschritt, wenn Riesenvermögen von mehreren hundert Millionen oder gar Milliarden Euro endlich mit einer ordentlichen Vermögenssteuer belastet würden. Das würde die öffentlichen Spielräume, um gute Bildung oder bessere Pflege zu bezahlen, enorm erhöhen. Dahinter könnte ich also stehen. Wenn dagegen, statt eine Vermögenssteuer für Superreiche einzuführen, die Mehrwertsteuer erhöht werden soll, dann wäre das das Gegenteil sozialer Politik und deshalb nicht akzeptabel.

Oder nehmen wir die Leiharbeit. Anstatt Leiharbeit zu verbieten, wäre schon die französische Lösung ein Fortschritt, der zufolge Leiharbeiter zehn Prozent mehr Lohn als alle anderen bekommen. Dann gäbe es zwar immer noch Leiharbeit und damit Beschäftigte zweiter Klasse, die auch als Erste entlassen werden, wie wir zuletzt bei VW gesehen haben, aber Leiharbeit wäre durch so eine Regelung zumindest kein Instrument zur Lohndrückerei mehr. Dass es bis in die 1960er Jahre in Deutschland keine Leiharbeit gab, zeigt, dass sie nicht notwendig ist, aber bei einem höheren Lohn würde sie zumindest stark zurückgedrängt.

Also: Abstriche in den Details eines politischen Programmes sind innerhalb einer Koalition unvermeidlich und so lange akzeptabel, solange eine Veränderung der Grundrichtung der Politik spürbar ist. Solange man mit der SPD allerdings noch nicht mal mehr klassisch sozialdemokratische Forderungen wie die Einführung einer Vermögenssteuer, gute Regeln am Arbeitsmarkt oder die Wiederherstellung des Sozialstaates durchsetzen kann, ist das Ganze eine müßige Diskussion. Denn so lange kann es keine gemeinsame Regierung geben.

Außen- und Verteidigungspolitik

Rötzer: Es kam nun bereits des Öfteren auf, dass der LINKEN von anderen Parteien die Regierungsfähigkeit abgesprochen wird. Oft ist dabei die Außen- und Verteidigungspolitik gemeint. Wo würde dort Ihre rote Linie verlaufen, die nicht überschritten werden darf?

Wagenknecht: Deutschland muss aufhören, sich an internationalen Kriegen um Rohstoffe und Einflusssphären zu beteiligen. Unsere Soldaten haben im Nahen und Mittleren Osten nichts zu suchen und auch nicht in Afrika. Denn tatsächlich geht es bei diesen Kriegen nicht um die Bekämpfung des islamistischen Terrorismus, der vielmehr ein Produkt solcher Kriege ist. Es geht um Öl, um Gas, um seltene Erden und andere Rohstoffe.

Rötzer: Wären Sie auch gegen militärische Einsätze, wenn sie von den Vereinten Nationen mandatiert wären?

Wagenknecht: Solche Mandate gibt es doch kaum noch. Sie setzen ja voraus, dass Russland und die USA an einem Strang ziehen. Mittlerweile haben wir einen neuen Kalten Krieg. Aber für mich ist der Umstand, dass die USA, Russland und China vielleicht einmal wieder der gemeinsamen Meinung sein könnten, dass ein Interventionskrieg ihren geostrategischen Interessen dient, noch lange kein Argument, deshalb einen solchen Krieg zu unterstützen. Ich würde mir allerdings wünschen, dass es wieder eine stärker auf Kooperation ausgerichtete Politik gäbe, nicht um gemeinsame Kriege zu führen, sondern um den Weltfrieden zu sichern und die existierenden blutigen Kriege wie den in Syrien endlich zu beenden.

Rötzer: Es sollte also keine militärischen Einsätze geben, um den Frieden oder die Stabilität eines Landes zu sichern? Das wird oft als Grund für angeblich berechtigte militärische Einsätze genannt.

Wagenknecht: Wer zu Beginn des Afghanistan-Einsatzes noch naiv glaubte, der Einsatz diene der Rettung der afghanischen Frauen vor der Burka, der muss doch nach 15 Jahren begreifen, dass dieser Krieg keiner Frau und keinem Mädchen in Afghanistan die Freiheit gebracht hat. Er hat das Land in einen Dauerbürgerkrieg mit Zehntausenden Toten, darunter vielen Frauen und Mädchen, gestürzt. Die Taliban genießen heute mehr Ansehen als vor Beginn der Intervention. Inzwischen breitet sich sogar der Islamische Staat in Afghanistan aus. Das ist doch eine grässliche Bilanz.

Auch die anderen Kriege der letzten Jahre haben nur Unheil angerichtet. Deutschland hat sich zum Glück nicht an allen beteiligt, aber zu sagen, es sei im Irak oder in Libyen um Freiheit und Menschenrechte gegangen, ist angesichts der realen Ergebnisse absurd. Man hat diese Länder völlig zerstört, bis heute kommen die Menschen nicht zur Ruhe, weil ein unbarmherziger Bürgerkrieg tobt und Sterben an der Tagesordnung ist. Schauen Sie sich doch das heutige Libyen an. Das war früher sicher keine Demokratie, aber es war ein stabiler Staat, das Gleiche gilt für den Irak und Syrien. Heute sind es völlig zerrüttete Länder und erst recht keine echten Demokratien. Da kann man doch nicht allen Ernstes sagen, diese Kriege brächten Sicherheit und Stabilität in die Welt. Tatsächlich haben sie den ganzen Nahen und Mittleren Osten und Nordafrika destabilisiert.

Rötzer: Was wäre denn die Alternative zu militärischen Einsätzen? Etwa eine Art Marshall-Plan für zerrüttete Länder, die in Bürgerkriegen versinken?

Wagenknecht: Zunächst einmal muss man aufhören, die verschiedenen Bürgerkriegsparteien hochzurüsten. Wo haben die islamistischen Mörderbanden in Syrien denn ihre Waffen her? Die stammen von unseren Verbündeten: Die Türkei, Saudi-Arabien und Katar haben sie finanziert und ausgerüstet, und auch die USA und

Großbritannien sind direkt daran beteiligt. Die CIA hat im Juli 2017 angekündigt, ihre Waffenlieferungen an die Islamisten in Syrien zu stoppen. Das heißt: Mindestens bis zu diesem Zeitpunkt haben sie Waffen an diese Mörderbanden geliefert. Ganz ähnlich ist es bei den Stellvertreterkriegen in vielen afrikanischen Ländern.

Oft geht es darum, welche Konzerne den Zuschlag erhalten, bestimmte Ressorts auszuplündern. Solche Konflikte finden auch zwischen Frankreich und den USA statt, China mischt jetzt auch schon ein bisschen mit, nicht militärisch, aber zumindest im Hintergrund.

Also der erste Punkt wäre, die Waffenexporte in Kriegs- und Krisengebiete komplett einzustellen. Der zweite Punkt ist, diesen Ländern eine Chance auf Stabilität und eine eigenständige wirtschaftliche Entwicklung zu geben. Dazu müssen wir akzeptieren, dass sie ihre Märkte durch Zölle schützen, denn die lokalen Anbieter haben gegen die Weltkonzerne sonst keine Chance. Aber die aktuelle Politik des Westens tut das Gegenteil, sie setzt alles daran, arme Länder zur Öffnung ihrer Märkte für unsere Exporte zu nötigen. Das Ergebnis ist, dass die lokale Wirtschaft verschwindet und mit ihr Arbeitsplätze und soziale Existenzen vor Ort. Freihandel ist ein Segen für den Stärkeren, aber ein Fluch für den Schwächeren.

Die Länder, die die Globalisierung gemeistert und daraus Vorteile für sich gezogen haben, insbesondere in Südostasien, haben sich alle zunächst abgeschottet und auf die Entwicklung der eigenen Industrien konzentriert. Erst nachdem diese wettbewerbsfähig geworden war, wurden auch die Zölle abgebaut. Länder wie Südkorea waren die Vorreiter, aber auch Vietnam ist später diesen Weg gegangen. Sie alle haben, oft mit staatlicher Unterstützung, gezielt Schlüsselindustrien hochgezogen und sie dem internationalen Wettbewerb erst ausgesetzt, als sie ihn auch bestehen konnten. Das ist der einzige Weg, mit dem ein Land seine Industrialisierung nachholen kann. Das war im 19. Jahrhundert auch die kontinentaleuropäische Strategie gegenüber der überlegenen Industriemacht Großbritannien. Deutschland und Frankreich errichteten Zollmauern, weil hier sonst keine Industrie entstanden wäre. Napoleons Kriege waren in erster Linie eine Auseinandersetzung mit der britischen Handelspolitik. Es ging um die Seeblockade, also darum, ob die britischen Waren ungehindert nach Frankreich kommen und dort eine Industrialisierung verhindern können. Die erzwungene Öffnung der französischen Wirtschaft nach Napoleons Niederlage hat die Industrialisierung um Jahrzehnte verzögert.

Rötzer: Die EU drängt mit aller Macht darauf, Freihandelsverträge mit anderen Ländern zu schließen, was Sie ja kritisieren. Ihnen wurde vorgeworfen, eine ähnlich protektionistische Politik wie Trump in den USA machen zu wollen. Worin läge der Unterschied zwischen dem Protektionismus, den Sie befürworten, und dem, den Trump anstrebt, obgleich er nicht recht voranzukommen scheint?

Wagenknecht: Protektionismus ist immer gerechtfertigt, wenn sich die Armen gegen die Reichen schützen. Wenn sich die Reichen gegen die Armen schützen, wird es natürlich schwieriger. Man muss sich auch das aber genau anschauen, weil die Debatte teilweise heuchlerisch ist. Auch die EU schützt sich mit Außenzöllen. Und zum Beispiel während der Stahlkrise der letzten Jahre wurde berechtigt darüber diskutiert, ob die Zölle ausreichend sind oder erhöht werden müssen, um sich gegen chinesische Dumpingexporte zu wehren. Die Frage ist doch, ob man zulässt, dass Exporte aus anderen Ländern, die nur deshalb derart günstig auf den Markt kommen, weil sie entweder staatlich subventioniert sind oder auf extremen Niedriglöhnen, miesen

Umweltstandards, in vielen Bereichen wohl auch auf billiger Kinderarbeit beruhen, ungeschützt auf den eigenen Markt gelassen werden und vor Ort am Ende zu einer Zerstörung der vorhandenen Kapazitäten führen. Das kann dann schnell in einem Dumpingwettlauf enden.

Auf andere Art haben wir das Problem auch innerhalb der EU. Deutschlands Exportüberschüsse gegenüber den übrigen europäischen Ländern sind unter anderem auf das deutsche Lohndumping mit Leiharbeit und Werkverträgen und den großen Niedriglohnsektor zurückzuführen, was etwa in Frankreich und Italien zu einer dramatischen Deindustrialisierung führt. Früher konnten diese Länder ihre Währung abwerten und so Importe verteuern, aber seit Einführung des Euro ist ihnen auch dieses Instrument aus der Hand genommen. Zölle gibt es innerhalb Europas ohnehin nicht mehr. Also bleibt in diesem Korsett fast nur, auch die eigenen Löhne zu senken, das ist der Weg, den auch Macron jetzt gehen will. Aber im Ergebnis führt das nicht zu einer Angleichung der Lebensverhältnisse auf oberem Niveau, sondern zu einem Wettlauf um sinkende Löhne und sinkende Unternehmenssteuern sowie zu immer größeren Ungleichgewichten in Europa.

Wenn ein Land die Zerstörung seiner eigenen Industrie zulässt, dann verarmt es. Großbritannien ist dafür das klassische Beispiel. Die wirtschaftliche Bilanz der Ära Thatcher ist verheerend, weil sie Großbritannien deindustrialisierte und alles auf die Londoner City und den Finanzmarkt setzte. Die Deregulierung des britischen Bankensektors führte dazu, dass die Oberschicht so viel wie nie zuvor verdiente, aber da entstanden kaum normale gut bezahlte Arbeitsplätze, wie es sie zuvor in der Industrie gegeben hatte. Für die Mehrheit war es daher ein sozialer Abstieg.

In den USA war es ähnlich. Dort wurden stattdessen die modernen Technologien staatlich gefördert. Die digitale Wirtschaft ist weltweit von US-Konzernen dominiert, das war klassische staatliche Industriepolitik, in diesem Fall auch noch von militärischen Interessen getragen. Das Silicon Valley war in seinen Anfängen praktisch eine Außenstelle des Pentagon.

Rötzer: Die milliardenschwere staatliche Subventionierung der Wirtschaft erfolgt vor allem im Rüstungssektor.

Wagenknecht: So wurden auch die digitalen Konzerne hochgezogen, denn das sind ja alles auch militärisch relevante Technologien. Aber die USA haben zugleich den Niedergang ihrer klassischen Industrien zugelassen, auch wenn die verbliebenen Autokonzerne zumindest in der letzten großen Krise auch staatlich gestützt wurden.

Zum industriellen Niedergang der Vereinigten Staaten trägt natürlich auch das Modell der Aktiengesellschaft mit starken Finanzinvestoren als Eigentümern bei, bei dem es nur noch darum geht, möglichst viel Geld auszuschütten und möglichst wenig im Unternehmen zu behalten. Diese Unternehmen verlieren irgendwann ihre Innovationsfähigkeit, weil sie kein Kapital für langfristige Investitionen mehr zur Verfügung haben, da ihre Eigentümer an solchen gar nicht interessiert sind. Wenn ein Land seine Industrie verliert, wird ein Großteil der Bevölkerung ärmer. Deshalb ist es ein legitimes Anliegen, eine solche Entwicklung zu verhindern.

Einwanderungspolitik

Rötzer: Trump will zudem eine Mauer bauen, die sich weniger gegen Produkte als gegen Menschen richtet. Flüchtlings- oder Migrationspolitik spielte auch beim Brexit in Großbritannien eine große Rolle und war lange Zeit das beherrschende Thema in der EU. Deutschland ist faktisch schon lange ein Einwanderungsland, aber es fehlt noch ein richtiges Einwanderungsgesetz. Wie müsste die Zuwanderung in Ihren Augen geregelt werden?

Wagenknecht: Wir benötigen ein funktionierendes Asylrecht. Wer wirklich verfolgt wird, muss Anspruch auf Asyl haben. Aber der Wirtschaft über ein Einwanderungsgesetz billige Arbeitskräfte zu organisieren und ärmeren Ländern ihre qualifizierten Fachkräfte abzuwerben, ist das Letzte, was Deutschland tun sollte. Das ist unverantwortlich, weil es die Lebensverhältnisse vor Ort noch weiter verschlechtert.

Alle Einwanderungsgesetze dieser Welt laufen letztlich auf dieses Abwerben hinaus. Deutschland macht das auch schon ohne Einwanderungsgesetz. Man muss sich nur mal anschauen, wie viele Arbeitskräfte aus dem medizinischen Bereich nicht in Deutschland ausgebildet wurden. Letztlich ging es leider auch bei der Flüchtlingsaufnahme oft nicht um Humanität. Erinnern wir uns an die öffentliche Kritik daran, dass nicht nur Architekten, Ärzte und Ingenieure aus Syrien kämen, sondern auch eine ganze Reihe von Menschen, die nicht mal lesen und schreiben können. Das war offenbar nicht der Sinn der vermeintlichen »Willkommenskultur«. Mit echter Hilfe hat das alles wenig zu tun.

Es ist ein Unding, dass Deutschland, das weit weniger als der Durchschnitt der OECD-Staaten für Bildung ausgibt, hierzulande junge Menschen mit einem extrem harten Numerus clausus vom Medizinstudium abhält, sich dann aber gut ausgebildete Ärzte aus armen Ländern holt, also aus Ländern, die sich teure Ausbildungsausgaben wahrlich weniger leisten können als wir.

Rötzer: Sie wurden scharf angegriffen, als Sie im Hinblick auf den Flüchtlingsstrom sagten, es gäbe Grenzen der Kapazität.

Wagenknecht: Kapazitäten sind immer begrenzt, etwas anderes zu behaupten, ist doch absurd. Und selbstverständlich kann es nicht darum gehen, erst möglichst viele Menschen zum Verlassen ihrer Heimat zu ermutigen oder sogar zu zwingen und dann mit Großmutsgeste einige von ihnen aufzunehmen. Wir müssen stattdessen endlich aufhören, die Perspektiven der Menschen in ihrer Heimat immer weiter zu zerstören.

Aber natürlich brauchen wir ein Recht auf Asyl, denn wir müssen gewährleisten, dass Menschen, die wirklich vor politischer Verfolgung geschützt werden müssen, wie jetzt zum Beispiel in der Türkei unter Erdogan, Aufnahme finden. Das sind wir unserer eigenen Geschichte und der Humanität schuldig. Die Notwendigkeit eines Rechts auf Asyl ist in meinen Augen völlig unstrittig.

Rötzer: Es ging im Sommer 2015 um die angeblich kurzfristige Entscheidung, ob man die Flüchtlinge, die sich bereits auf den Weg gemacht hatten, aufnimmt, wohingegen eine Veränderung der Fluchtursachen Jahre oder Jahrzehnte dauert.

Wagenknecht: Es war nicht so, wie Angela Merkel das gern darstellt. Es gab keine plötzliche, unvorhersehbare Entwicklung. Im Frühjahr 2015 wurde bereits öffentlich von vielen Organisationen gewarnt, dass sich Menschen in großer Zahl aus Syrien auf den Weg machen werden, wenn die Situation in den Flüchtlingslagern vor Ort nicht endlich verbessert wird. Das wurde im Bundestag angesprochen und mit Analysen unterfüttert. Trotzdem ließ man die für die Lager zuständigen UN-Hilfsorganisationen finanziell so sehr im Stich, dass sie die Lebensmittelrationen sogar noch halbieren mussten. Dafür trägt auch Deutschland eine Mitverantwortung. Natürlich hätte man dort, wo die Mehrheit der Menschen sich aufhält, sehr viel mehr tun können und tun müssen.

Wir sollten auch nicht glauben, die Mehrheit käme zu uns. In Wirklichkeit haben die meisten überhaupt keine Chance, nach Europa oder Deutschland zu gelangen, gerade die Armen, die Schwachen, die Kranken und die Alten nicht. Wer wirklich eine humane Politik machen will, muss also vor Ort helfen. Das hätte man damals tun können und kann es auch heute noch. 23 Millionen Menschen sind in Ländern vom Jemen bis hin zum Südsudan aktuell vom Hungertod bedroht, aber es passiert so gut wie nichts. Den Menschen, die jetzt in Afrika oder auch im Jemen, wo inzwischen auch noch die Cholera ausgebrochen ist, vom Verhungern bedroht sind, nützt eine offene Einwanderungspolitik in unserem Land überhaupt nichts. Sie sind viel zu arm, um sich auch nur auf den Weg nach Europa zu machen. Diejenigen, die kommen, sind eher aus der Mittelschicht. Sie fliehen dennoch vor Armut und Perspektivlosigkeit, gar keine Frage, aber es verbessert die Situation in den betreffenden Ländern nicht, wenn zusätzlich zu allem Elend auch noch ein beträchtlicher Teil der etwas besser ausgebildeten Mittelschicht auswandert. Den wirklich Armen helfen wir also nicht durch ›Willkommenskultur‹, sondern ihnen können wir nur vor Ort helfen – und das geschieht bis heute nicht.

Rötzer: Sie wurden auch innerhalb der Partei deswegen angegriffen. Wie ist denn die Stimmung derzeit? Im Parteiprogramm steht etwas von einer Willkommensbewegung für die Geflüchteten.

Wagenknecht: Wir fordern das Recht, nicht flüchten zu müssen, das heißt, in der eigenen Heimat eine Perspektive zu haben. Jeder weiß, dass wir das Problem der Armut auf dieser Welt nicht dadurch lösen, dass wir möglichst viele Arme nach Deutschland holen. Die entscheidende Frage ist daher, ob man sich lieber in einer irrealen Position zurücklehnt oder politische Schritte fordert, die durchführbar sind und die den Menschen tatsächlich

helfen würden. Politisch durchführbar ist ein Verbot von Waffen-
exporten in Kriegsgebiete, eine faire Handelspolitik und eine
deutliche Aufstockung der finanziellen Leistungen für humanitäre
Hilfe vor Ort.

Rötzer: Warum wird den 23 Millionen nicht geholfen?

Wagenknecht: Weil es der hochgelobten westlichen Wertegemeinschaft, zumindest den Politikern, welche die Entscheidungen treffen, offensichtlich egal ist. Wenn man auch nur 20 Milliarden Dollar in die Hand nehmen würde, könnten all diese
Menschen, darunter zahllose Kinder, vor dem Verhungern gerettet werden. Allein die NATO-Staaten geben, nur zum Vergleich,
aktuell 900 Milliarden Dollar pro Jahr für Rüstung aus und wollen den Etat noch weiter erhöhen, das ist doch völlig irre. Man
könnte also ohne Probleme die benötigte Hilfe leisten, aber offensichtlich besteht daran kein Interesse. Es gibt einen starken
Einfluss der Rüstungskonzerne, die die Parteien und auch einzelne Politiker schmieren und so ihre Interessen durchsetzen. Die
23 Millionen bitterarmen Menschen dagegen haben keine Lobby
und keinen Interessenverband, der in den Ministerien in Berlin
oder im Weißen Haus in Washington vorstellig wird und Druck
ausübt.

Die Medien berichten zwar über das Elend. Aber sie berichten
sporadisch. Ich weiß noch, als damals dieses furchtbare Bild von
dem kleinen Jungen, der bei der Überfahrt nach Griechenland
ums Leben gekommen war, durch die Medien ging, hat das sehr
viele Menschen emotional aufgerüttelt. Wenn man in ähnlicher
Weise jeden Tag die Bilder der Hungernden und vor Hunger Ster-
benden in den Medien sehen würde, wäre der Druck auf die Politiker stärker, endlich etwas zu unternehmen. Es sind vor allem
Kinder, die in diesen Elendslagern leben, wobei man das schon

fast nicht mehr Leben nennen kann, das ist einfach grauenvoll. Und wenn berichtet wird, geschieht das meistens im Zusammenhang mit Spendenaufrufen. Zum Glück spenden die Menschen ja auch, das Engagement der einfachen Leute ist hier weit größer als das der Politik. Aber es wäre an der Politik, die Probleme endlich anzugehen, denn dazu reichen karitative Spendenaktionen eben nicht.

Medien

Rötzer: Welche Rolle spielen eigentlich die Medien in der Gesellschaft für Sie? Sie kritisieren, dass zwar punktuell berichtet, aber kein Druck auf die Politiker ausgeübt wird. Aber vielleicht orientieren sich die Medienmacher eher daran, was die Medienkonsumenten wollen. Sie haben möglicherweise kein Interesse an diesen aufrüttelnden Themen.

Wagenknecht: Die Medien sind durchaus interessengeleitet. Natürlich gibt es in Deutschland eine gewisse Pluralität und zum Glück auch Zeitungen, Zeitschriften oder Blogs wie die *NachDenkSeiten*, die kritisch sind und sehr wertvolle Arbeit leisten. Auch im Fernsehen kommen immer wieder gute Beiträge, in *Monitor* oder *Panorama* etwa. Sendungen wie *Die Anstalt* sind Aufklärung pur und hochpolitisches Kabarett, das finde ich großartig. Dennoch steht die Mehrheit der Medien im Dienste der vorhandenen Machtstrukturen und ist darauf bedacht, die herrschende Politik nicht zu hart anzufassen. Die LINKE hat es dagegen oft schwer, überhaupt vorzukommen, weil sie die bestehenden Zustände in Frage stellt.

Rötzer: Das klingt schon ein bisschen nach der These der AfD, die von einem Polit-Medienkartell spricht. Würden Sie das auch sagen?

Wagenknecht: Mich interessiert nicht, was die AfD dazu sagt. Diese Partei ist ebenfalls neoliberal und daher Bestandteil der bestehenden Machtstrukturen. Nicht zufällig hat sie offenbar ausgesprochen großzügige Finanziers in der Wirtschaft.

Rötzer: Das war als Beispiel gedacht, weil Sie ähnlich zu formulieren scheinen.

Wagenknecht: Wenn fünf Verlagsgruppen 95 Prozent aller Zeitungen und Zeitschriften gehören, dann ist das offenbar ein Kartell, das kann man ja nicht leugnen. Wobei die AfD zunächst von diesem Kartell erheblich gefördert wurde. Sie wäre nie so weit gekommen, wenn sie nicht eine immense Medienberichterstattung erhalten hätte. Ich kann mich noch erinnern, wie jede Pegida-Demonstration, auf der drei Leute und ein Schäferhund standen, in die Abendnachrichten kam. Wenn hingegen 100 000 junge Leute in Berlin gegen TTIP und CETA demonstrieren, dann bringen das die Nachrichten komischerweise nicht. Die AfD ist durch die Medien überhaupt erst so groß geworden und dass sie jetzt wieder runtergeht, hängt auch damit zusammen, dass die mediale Aufmerksamkeit zurückgegangen ist.

Rötzer: Auch Ihre Vergangenheit in der SED und in der Kommunistischen Plattform wurde medial ganz anders dargestellt.

Wagenknecht: Aber genau das ist der Unterschied. Frau Merkel war wirklich in der DDR das, was man systemtreu nannte. Sie war nicht nur in der FDJ, sondern FDJ-Sekretärin für Agitation und Propaganda. Das wurde man nur, wenn man als politisch zuverlässig galt. Merkel hat in der DDR Karriere gemacht und durfte sogar im Ausland studieren. Das macht ihr keiner zum Vorwurf, und ich meine auch nicht, dass man ihr das vorwerfen sollte. Sie wollte Physikerin werden und ist ihren Weg gegangen. Man muss auch nicht immer so tun, als seien alle Leute Helden und Widerstandskämpfer. Aber trotzdem, das alles ist bei ihr kein Thema. Meine Biographie war anders. Ich hatte in der DDR große Schwierigkeiten und bin erst in die SED eingetreten, als die Opportunisten sie bereits zu verlassen begannen, weil ich die DDR verändern wollte. In meinem Fall stellt man es trotzdem gern so dar, als sei ich für den Laden verantwortlich gewesen.

Rötzer: Wie erklären Sie sich, dass diese Haftung gerne so konstruiert wird?

Wagenknecht: Weil man dadurch versucht, die LINKE und auch mich persönlich zu diskreditieren, indem man das Scheinargument »Ihr hattet doch schon mal die Chance, da habt ihr alles in den Sand gesetzt« platziert. Mir schrieb jemand in einer Mail, dass ich doch lieber vor 1989 für Gerechtigkeit hätte sorgen sollen, damals hätte ich doch die Chance gehabt. Wie hätte ich vor 1989 als Teenager für irgendetwas sorgen sollen? Das ist offenkundiger Blödsinn.

Die Europäische Union

Rötzer: Insbesondere die Probleme in der Außen- und Einwanderungspolitik, über die wir nun gesprochen haben, betreffen nicht lediglich Deutschland, sondern die ganze EU. Deshalb sollte wahrscheinlich gerade dort Großes geleistet werden. Sie hatten zu Beginn gesagt, dass für Sie das Leben als Politikerin vor allem seit dem Bundestagsmandat anstrengend geworden sei, während es als Abgeordnete im Europäischen Parlament noch weniger belastend war. Wie ist das Klima dort verglichen mit dem Bundestag?

Wagenknecht: Das sind Welten. Natürlich kann man auch im Europäischen Parlament jeden Tag von früh bis abends Termine machen. Das Europäische Parlament hat sogar im Unterschied zum Bundestag viel mehr Sitzungswochen, und natürlich gibt es da auch ausgesprochen fleißige Abgeordnete. Der große Unterschied ist aber, dass fast alles außerhalb der Öffentlichkeit stattfindet. Für Opposition, also für Parteien, die nicht über eine Mehrheit verfügen, um Beschlüsse durchsetzen zu können, ist das Europaparlament frustrierend, weil jede Opposition davon lebt, dass sie öffentlich Druck ausübt, um etwas zu verändern.

Ich kann mich noch an meine erste Rede im Europaparlament erinnern. Das war eine einzige große Ernüchterung. Der Plenarsaal war gähnend leer. Das ist er im Bundestag zwar auch oft, aber in Berlin gehört es immerhin zum Anstand, dass die, die in einer Debatte reden, dort die ganze Zeit bleiben und selbst bei schlechtbesuchten Debatten mindestens noch drei, vier Leute aus jeder Fraktion da sind. Im Europaparlament kommen viele Abgeordnete erst kurz bevor sie mit dem Reden dran sind und gehen dann eilig wieder. Es ist also noch viel öder. Zwischenrufe oder andere Reaktionen aus dem Plenarsaal gibt es allerdings nicht nur deshalb kaum, weil dieser Saal leer ist, sondern sie machen auch wenig Sinn, weil die Übersetzung zu unterschiedlichen Zeiten ankommt. Relativ zeitnah könnten meistens nur die reagieren, die eine Rede auf Englisch verfolgen, weil das zuerst übersetzt wird. Oder wer eben den Redner im Original versteht. Übrigens muss man beim Reden versuchen, keine allzu ungewöhnlichen Worte oder Satzkonstruktionen zu verwenden, weil sonst die Übersetzer keine Chance haben. Aber was noch frustrierender ist: Kaum ein normaler Bürger schaut zu. Die meisten Reden werden von der Öffentlichkeit überhaupt nicht wahrgenommen, auch von der Presse nicht. Ausnahmen sind die ganz großen Debatten, aber die sind selten.

Ein weiterer Unterschied zum Bundestag ist der massive Einfluss der Lobbyisten. Die Art, wie Abgeordnete in Brüssel umworben werden und wie man versucht, sie einzuwickeln, wäre in Berlin so nicht vorstellbar. Die vielen Empfänge und Einladungen, auch in Super-Restaurants, wo man sich, wenn man das will, von Banken oder der Chemieindustrie ausführen lassen kann, das gibt es so ungeniert in Berlin nicht. Hier gibt es auch genug Lobbyisten, ich will das nicht beschönigen, aber sie agieren nicht so dreist, und auch die Abgeordneten müssen berücksichtigen, dass sie stärker unter öffentlicher Beobachtung stehen.

Rötzer: Hängt das damit zusammen, dass die Öffentlichkeit im Europäischen Parlament, wie Sie sagten, nicht präsent ist? Dass das Parlament eigentlich dysfunktional ist?

Wagenknecht: Es gibt bisher schlicht keine europäische Öffentlichkeit. Allenfalls für einen kleinen Teil von Gebildeten, die verschiedene europäische Sprachen, vor allem Englisch, sprechen und dadurch Zeitungen und News nicht nur im Heimatland lesen und das Geschehen auf EU-Ebene verfolgen können. Aber sie werden weit mehr Menschen finden, die Ihnen sagen können, was gerade bei der Bundesregierung oder im Bundestag verhandelt wird, als solche, die wissen, was im Europäischen Parlament passiert. Deshalb ist es eben auch viel leichter, für unpopuläre Entscheidungen in Brüssel eine Mehrheit zu finden als in den einzelnen Mitgliedstaaten.

Das Konzernschutzabkommen CETA mit Kanada ist ein Beispiel dafür. Deshalb wollte die EU-Kommission den EU-Ländern am liebsten jede Mitentscheidungsbefugnis entziehen, denn sie wusste, dort ist es schwerer durchsetzbar als in Brüssel. Vor kurzem hat sich der Chef von foodwatch, Thilo Bode, öffentlich beklagt, dass seine Organisation in Brüssel sehr viel weniger Durchsetzungschancen hat als in Berlin, und verlangt, dass die Bundesrepublik im Notfall auch im Alleingang schärfere Standards einführt. Etwa eine Lebensmittelampel zur Kennzeichnung des Fett- und Zuckergehalts von Lebensmitteln, die in Brüssel bisher immer am Einfluss der Nahrungsmittelkonzerne gescheitert ist. Und das gilt generell: Die Einzigen, die auf europäischer Ebene hervorragend organisiert und damit auch durchsetzungsstark sind, sind die großen Konzerne und Banken. Für Verbraucherschutz, für Arbeitnehmerrechte oder für die Anliegen kleiner Unternehmen dagegen gibt es keine schlagkräftigen europäischen Organisationen, die in Brüssel ein ernstzunehmendes Gegengewicht zu den Konzernlobbys bilden können. Damit ist die Machtbalance eine andere als in den einzelnen Ländern und noch viel nachteiliger für die Mehrheit der Bevölkerung.

Der Irrtum derer, die sagen, wir müssen Europa demokratisieren und dann noch mehr Kompetenzen nach Brüssel verlagern, ist: Sie vergessen, dass eine funktionierende Demokratie bestimmte Voraussetzungen hat. Eine Öffentlichkeit, die den politischen Prozess beobachtet und kontrolliert, gehört ebenso dazu wie schlagkräftige Interessenverbände der Arbeitnehmer und Konsumenten, die zumindest ähnlich organisiert auftreten wie die großen Unternehmen. Außerdem braucht eine parlamentarische Demokratie Parteien, die gewählt werden können und ein halbwegs erkennbares Profil haben. Natürlich kommt es auch auf nationaler Ebene vor, dass die SPD Hamburg bei bestimmten Fragen eine andere Sicht hat als die SPD Mecklenburg-Vorpommern, aber es gibt trotz allem eine gemeinsame Führung und auch Führungspersönlichkeiten, die für die gesamte Partei stehen. Wenn wir das als Kriterium nehmen, dann gibt es keine europäischen Parteien. Denn das, was sich so nennt, sind Zusammenschlüsse extrem heterogener Parteien aus den einzelnen Ländern, die etwa gemeinsam das Label sozialdemokratisch oder sozialistisch tragen, aber in vielen Fragen eine völlig unterschiedliche Politik verfolgen und auch keine gemeinsame Führung oder gemeinsame Führungspersönlichkeiten haben. Für die EVP, die Europäische Volkspartei, in der sich eher die konservativen Parteien sammeln, gilt das Gleiche. Und in der EL, der Europäischen Linkspartei, zu der auch die deutsche LINKE gehört, ist es nicht anders. Dass innerhalb der einzelnen Fraktionen im EP unterschiedlich abgestimmt wird, ist die Regel, nicht die Ausnahme.

Die Idee, bei der letzten Europawahl 2014 europäische Spitzenkandidaten aufzustellen, hat eben deshalb nicht funktioniert. Die CDU etwa hat im Europawahlkampf in Deutschland selbstverständlich nicht Herrn Juncker plakatiert, obwohl der ihr offizieller Spitzenkandidat war, sondern Frau Merkel, denn sie wollte ja ein gutes Ergebnis haben. Die SPD hat den sozialdemokratischen Spitzenkandidaten Schulz plakatiert, aber auch nur, weil er aus unserem Land kommt. In keinem anderen Land war Schulz im Wahlkampf der Sozialdemokraten besonders präsent. Einerseits, weil ihn die Mehrheit dort gar nicht gekannt hätte, aber auch, weil in Italien oder Frankreich keine Partei, die eine Wahl gewinnen will, mit einem Deutschen als Spitzenmann werben würde. Man kann das gut finden oder schlecht, aber all das zeigt, dass die politische Kultur in den einzelnen Ländern nach wie vor sehr unterschiedlich ist und wir noch lange nicht so weit sind, dass Demokratie auf europäischer Ebene auch nur ansatzweise funktionieren kann.

Wie gesagt: Die Einzigen, die europäisch bestens aufgestellt sind, sind die großen Unternehmen und deren Interessengruppen. Die wirklich einflussreichen Lobbys in Brüssel sind der European Round Table of Industrialists, in dem die Vorstandsvorsitzenden der 50 größten europäischen Konzerne sitzen, oder Arbeitgeberverbände wie BusinessEurope, eine Art europäischer BDA. Vor allem aber haben alle wirklich großen Firmen eigene Lobbyabteilungen. Es sind die Lobbyisten der Deutschen Bank, von Goldman Sachs oder einzelnen Chemie- oder Autokonzernen, die sich um die Abgeordneten in Brüssel und Straßburg und um die EU-Kommission kümmern.

Rötzer: Würden Sie sagen, das liegt eher an den Institutionen wie dem Parlament oder der Kommission? Lässt sich da etwas verändern, damit diese demokratischer, öffentlicher und europäischer werden, oder ist die ganze Idee verfehlt, ein Europa zu bauen, in dem die Nationalstaaten eine eher untergeordnete Rolle spielen?

Wagenknecht: Demokratie kann, wie gesagt, nur in einem bestimmten Umfeld halbwegs funktionieren. Das hat sich in den Industriestaaten in den letzten hundert oder hundertfünfzig Jahren herausgebildet, das ist ja noch nicht so lange her. In dem Zusammenhang sind auch die Parteien entstanden, die Parlamente, das Wahlrecht, eine Öffentlichkeit, die die parlamentarischen Vorgänge beobachtet und kommentiert, Interessenverbände und andere zivilgesellschaftliche Organisationen, die mit ihren Interessen den politischen Prozess begleiten und beeinflussen. Das hat alles innerhalb der einzelnen Staaten stattgefunden, und die Traditionen, auch die Organisationsstruktur, sind sehr unterschiedlich. Und schon in den einzelnen Ländern haben wir das Problem, dass das große Geld die Demokratie aushöhlt, dass Politik käuflich wird, dass große Konzerne eine weit effektivere Interessenvertretung haben als etwa Arbeitnehmer oder gar Arbeitslose. Es gibt auch da ein Ungleichgewicht, aber es gibt zumindest ernst zu nehmenden Gegendruck. Wenn die Gewerkschaften ihre Aufgabe erfüllen und kämpfen, können sie ein echtes Gegengewicht sein. Auf europäischer Ebene kann man das vergessen. Verlagert man nun aber immer mehr Kompetenzen auf eine Ebene, wo die Wirtschaft, vor allem die Großunternehmen, viel einflussreicher sind als alle anderen Interessengruppen, ist klar, was passiert: Die Demokratie wird noch mehr ausgehöhlt, die Profitinteressen dominieren noch unverschämter. Es ist eine völlige Illusion zu glauben, dass eine europäische Regierung den Konzernen besser Paroli bieten könnte als die Regierungen der einzelnen Staaten. In Wahrheit verhält es sich wegen der Machtverhältnisse auf EU-Ebene genau umgekehrt: Je mehr Brüssel entscheidet, desto leichteres Spiel haben die großen Unternehmen, ihre Interessen durchzusetzen.

Das wirklich große und unverändert aktuelle Ziel der europäischen Einigung muss sein, ein Europa zu schaffen, in dem Nationalismus und Völkerhass nie wieder eine Chance bekommen und das Kriege zwischen europäischen Ländern möglichst für immer ausschließt. Das muss bewahrt und auch verteidigt werden, gerade in einer Zeit, in der Nationalisten und rechte Reaktionäre wieder stärker werden. Aber es geht dabei um ein in seiner Vielfalt einiges Europa, in dem unterschiedliche kulturelle Traditionen nicht eingeebnet, sondern respektiert werden und in dem die demokratische Souveränität der einzelnen Länder gewahrt bleibt, statt sie zu untergraben.

Was Europa heute am meisten zerstört und die Nationalisten stärkt, ist doch gerade, dass viele Länder ihre Souveränität verloren haben. Griechenland ist so ein Fall, denn Griechenland wird längst von Brüssel und Berlin regiert. Es ist nahezu irrelevant, wen die Griechen wählen, heraus kommt seit Jahren immer die gleiche

Politik der Rentenkürzungen und des Sozialabbaus, die die griechische Bevölkerung immer ärmer macht. Auch in anderen Ländern gibt es massive Einschnitte in ihre Souveränität. Und genau das bringt die Menschen gegen die europäischen Institutionen auf. So wird der europäische Zusammenhalt zerstört. Diese Aushöhlung der Demokratie in den einzelnen Mitgliedstaaten, die von der deutschen Regierung ebenso vorangetrieben wurde wie von der EU-Kommission, bewirkt Uneinigkeit und Spaltung und schürt antieuropäische Ressentiments, Profiteure sind die Le Pens und Co. In der französischen Präsidentschaftswahl ging es nicht zufällig vor allem um die Frage, dass Frankreich seine Angelegenheiten wieder selber entscheiden will und weder aus Berlin von Frau Merkel noch von Juncker oder anderen aus Brüssel regiert werden will.

Rötzer: Ging es nicht auch um wirtschaftspolitische Fragen, etwa um eine stärker neoliberale oder eben eine linke Wirtschaftspolitik? Hat der Front National nicht beispielsweise ein keynesianisch-linkes Wirtschaftsprogramm?

Wagenknecht: Linke Wirtschaftspolitik ist unter Einhaltung der aktuellen EU-Verträge im Grunde nicht mehr machbar, das ist das Problem. Denn die verpflichten dazu, den Kapitalfreiheiten Vorrang vor sozialen Rechten zu geben. Insofern setzt die Möglichkeit, sich überhaupt für die eine oder andere Wirtschaftspolitik entscheiden zu können, eine Wiederherstellung der demokratischen Souveränität und eine grundsätzliche Änderung der Verträge voraus.

Der Front National hat, im Gegensatz zur AfD, ein Wirtschaftsprogramm, das man nicht durchweg als neoliberal bezeichnen kann. Es gibt Forderungen, die nicht deshalb verkehrt sind, weil sie auch der Front National erhebt. Zum Beispiel, dass die Europäische Zentralbank Geld direkt für öffentliche Investitionen zur Verfügung stellen sollte, statt es an die Banken zu geben. Er hat weniger Privatisierungen und Sozialabbau im Programm als die AfD, denn Le Pen versucht gezielt, Arbeitnehmer und sozial schlechter Gestellte mit sozialen Forderungen zu ködern. Umso beeindruckender war es – und das zeigt natürlich auch, wie es geht –, dass Jean-Luc Mélenchon, der Kandidat der französischen Linken, bei der Präsidentschaftswahl trotzdem knapp 20 Prozent bekommen hat. Auch wenn die Rechte geschickt agiert, muss man ihr die Armen und Abstiegsgefährdeten noch lange nicht als Wähler überlassen. Mélenchon ist ja gerade von jungen Menschen gewählt worden, aber auch von Arbeitslosen, von vielen, denen es nicht gut geht, und er ist bei der ersten Runde fast gleichauf mit dem Front National ins Ziel gekommen. Wenn es eine starke Linke gibt und wenn die Linke soziale Themen in den Mittelpunkt stellt und sich Mühe gibt, so zu argumentieren, dass sie auch im Arbeitermilieu verstanden wird, führt neoliberale Politik nicht zwangsläufig zu einer immer stärkeren Rechten.

Didier Eribon hat in seinem autobiographischen Buch *Rückkehr nach Reims* sehr schön beschrieben, wie und warum die Menschen aus dem französischen Arbeitermilieu zum Front National übergewechselt sind. Weil sie sich von der ehemaligen politischen Linken im Stich gelassen fühlten. Die französische Sozialdemokratie hat – ähnlich wie die deutsche – über Jahre gegen die Interessen der Mehrheit Politik gemacht. Und auch die französischen Kommunisten waren zumindest eine Wahlperiode lang an der französischen Regierung beteiligt, und auch da wurde im Kern eine unsoziale Politik gemacht.

Rötzer: Was würde denn die linke Position wirklich von der, nennen wir es mal, nationalsozialen ideologischen Ausrichtung des Front National und von anderen rechten Parteien oder Regierungen unterscheiden und ihnen gegenüber attraktiv machen?

Wagenknecht: Letztlich sind das alles prokapitalistische und selbstverständlich auch Pro-Konzern-Parteien. Natürlich hat der deutsche Nationalsozialismus etwa über ›Kraft durch Freude‹ Ferienheime gebaut und mit seinem Wirtschaftsprogramm die Arbeitslosigkeit reduziert, aber der Kern war, dass er die Gewerkschaften verboten, die Löhne gedrückt und mit seiner Expansions-, Hochrüstungs- und Kriegspolitik auf brutale und menschenverachtende Weise Profitinteressen freie Bahn verschafft hat. Das war ganz offensichtlich keine Politik im Interesse der Arbeiter in Deutschland, ganz im Gegenteil. Und das ist bei den neuen Rechtsparteien genauso.

Sie alle sind mehr oder weniger offen rassistisch und beschwören eine fiktive nationale Interessengemeinschaft, bei der Arbeitnehmer und Kapitalbesitzer in einem Boot sitzen. Wer so argumentiert, steht im Konfliktfall eben nicht auf der Seite der Beschäftigten, die um höhere Löhne und bessere Arbeitsbedingungen kämpfen. Und oft genug schwingt bei den Rechten ja auch eine regelrechte Verachtung der Ärmeren mit, da treffen sie sich dann wieder mit den Neoliberalen. Wenn der Front National irgendwann in Frankreich regieren sollte, würde er das Leben der Menschen in Frankreich wohl kaum durch stärkere Arbeitnehmerrechte verbessern. Man sieht das ja auch an der Politik von Donald Trump. »Make America great again« heißt nicht bessere soziale Absicherung und höhere Mindestlöhne, sondern Steuersenkungen für Superreiche und ein pauschales Einreiseverbot für alle Menschen, die aus bestimmten muslimischen Ländern kommen.

Das Einzige, was die Rechten im Angebot haben, wovon in gewisser Hinsicht auch Arbeitnehmer profitieren, ist eine rechtskeynesianistische Wirtschaftspolitik anstelle neoliberaler Kürzungsprogramme. Also wenn Trump seine Ankündigung, ein großes Investitionsprogramm zur Wiederherstellung der amerikanischen Infrastruktur aufzulegen, wahrmacht, wäre das nicht nur volkswirtschaftlich sinnvoll, sondern es würde auch Arbeitsplätze schaffen.

So eine Wirtschaftspolitik ist zugleich im Interesse der Unternehmen. Wenn man ein keynesianisches Programm auflegt, dann verbessert das eben auch die Auftragslage und steigert die Profite. Eine Politik der Lohnsteigerungen dagegen oder des Ausbaus des Sozialstaates stünde den Kapitalinteressen frontal entgegen, deshalb sollte niemand von rechten Parteien erwarten, dass sie so was umsetzen.

Es ist doch kein Zufall, dass die meisten Rechtsparteien, übrigens auch die AfD, Großspender aus der Wirtschaft haben. Der AfD steht unglaublich viel Geld zur Verfügung, und es wird geschickt verschleiert, woher das Geld kommt. Es sind mit Sicherheit nicht die sogenannten kleinen Leute, die diese Parteien finanzieren. Ich glaube durchaus, dass einflussreiche Teile der Wirtschaft ein Interesse daran haben, die rechte Option zumindest in der Hinterhand zu halten: Erstens kann man damit die Linke schwächen, weil auch die Rechte sich als scheinbare Adressatin von Protest und sozialer Wut anbietet, und zweitens kann man, wenn es nötig sein sollte, unter dem Druck einer erstarkenden Rechten andere Parteien zum Abbau demokratischer Rechte und des Rechtsstaates drängen. Man muss sich nur einmal ansehen, wie viele Gesetze in Deutschland allein im letzten Jahr verändert und verschärft wurden. Das hat unsere Sicherheit nicht erhöht, aber es gibt dem Staat weit mehr Möglichkeiten als vorher, in unsere Privatsphäre einzudringen und auch völlig unbescholtene Bürger ins Visier zu nehmen.

Rötzer: Die LINKE hat doch eigentlich den Internationalismus vertreten, der der Ideologie der Rechtsnationalen und des Nationalsozialismus diametral gegenübersteht. Würden Sie sagen, der Internationalismus zeichnet die Linksparteien heute immer noch aus?

Wagenknecht: Selbstverständlich. Internationalismus heißt Solidarität, heißt, sich gegen eine rücksichtslose Handelspolitik im

Interesse westlicher Konzerne, gegen die Ausplünderung armer Länder und gegen das Geschäft mit Krieg und Tod, also gegen Waffenexporte zu engagieren. Internationalismus heißt, sich nie damit abzufinden, dass auf dieser reichen Welt Millionen Menschen hungern und alle paar Sekunden ein Kind einen furchtbaren Tod erleidet, obwohl es mit relativ geringem Aufwand hätte gerettet werden können. Es ist Aufgabe linker Politik, sich nicht nur für gerechtere Verhältnisse im eigenen Land, sondern auch für eine gerechtere Weltordnung einzusetzen, zumindest dafür, dass das eigene Land nach seinen Möglichkeiten dazu beiträgt.

Globalisierung

Rötzer: Dazu gehört auch eine gewisse Lebensqualität und -freude. Durch die Globalisierung verändern sich die Bedingungen dafür aber rasant. Die Standards für Güter wie Häuser oder Fahrzeuge nähern sich immer mehr aneinander an, es setzt sich schon seit Jahrzehnten weltweit ein gewisser Stil durch, der von internationalen Konzernen erzeugt wird. Etabliert sich gerade so etwas wie eine Weltgesellschaft, die den Menschen Kommunikation und Zusammenleben aufgrund ähnlicher Lebensumstände erleichtert? Oder ist das nur eine Monotonisierung der Lebensverhältnisse, die zum Ende der Vielfalt führt?

Wagenknecht: Zunächst haben wir in meinen Augen nicht die Situation, dass sich die Lebensverhältnisse angleichen, sie driften ja zurzeit eher auseinander, sogar in Europa. Die Kluft zwischen dem Leben eines normalen Bürgers in Griechenland und in Deutschland war vermutlich seit langem nicht mehr so groß wie heute.

Auch in anderen südeuropäischen Ländern geht es den Menschen deutlich schlechter als noch vor zwanzig Jahren. In Deutschland ist ebenfalls ein Teil der Bevölkerung von sozialem Abstieg betroffen, aber in den Krisenländern ist es die große Mehrheit.

Durch die multinationalen Konzerne, die weltweit produzieren und verkaufen, kommt es allerdings zu einer Uniformierung des Angebots. Das ist in meinen Augen eher eine Verarmung als ein Fortschritt. Innerhalb Europas findet man in den Innenstädten überall die gleichen Marken in den gleichen Läden. Wo man auch hingeht: überall dieselben Sachen in den Kaufhäusern und dieselben Produkte in den Supermärkten. Das hat mit den immer größeren Konzernen zu tun. Viele Marken werden im gleichen Unternehmen oder in eigentumsrechtlich verflochtenen Unternehmen produziert. Das verschlechtert den Wettbewerb, die Kundenorientierung und die Qualität, weil der Druck, enttäuschte Konsumenten an die Konkurrenz verlieren zu können, immer schwächer wird. Ich fände es besser, wenn es wieder mehr kleine Läden und kleinere Anbieter gäbe, dann gäbe es auch mehr wirkliche Vielfalt.

Rötzer: Es sollte prinzipiell, darüber sind wir uns einig, das Primat der Politik gelten. Als US-Präsident gilt Trump als der mächtigste Mann der Welt, aber man kann beobachten, dass er aus vielerlei Gründen nicht so handeln kann, wie er eigentlich will. Gibt es für Sie prinzipielle Grenzen der Politik?

Wagenknecht: Es gibt mindestens zwei Grenzen. Zum einen gibt es die Grenzen, die ein funktionierender Rechtsstaat setzt – und das ist auch gut so. Einige von Trumps Gesetzen wurden von Gerichten aufgehoben. Wenn in Deutschland Gesetze vor dem Bundesverfassungsgericht scheitern, dann heißt das ja auch, dass damit eine gewisse Kontrolle über die Politik ausgeübt wird.

Aber es gibt eine andere und sehr problematische Seite, nämlich die Kontrolle der Politik durch die Wirtschaftsmächtigen. Formal kann der Vorstandsvorsitzende eines Großkonzerns oder der Chef von Google natürlich nicht einfach bei Trump vorstellig werden und ihm sagen, was er zu tun und zu lassen hat. Aber kein Politiker wird in den USA Präsident, ohne auf große Spenden der Wirtschaft zurückgreifen zu können. Darauf sind sie alle angewiesen, sogar der Milliardär Trump konnte seinen Wahlkampf nicht allein finanzieren. In Deutschland gibt es die staatliche Parteienfinanzierung, um diese Abhängigkeit zumindest zu verringern. Aber auch hier sind Großspenden von Konzernen legal und werden von allen Parteien außer der Linken gern genommen. In Frankreich sind solche Unternehmensspenden gesetzlich verboten, das ist die bessere Regelung. Eine Einflussnahme erfolgt aber auch darüber, dass die Wirtschaft die lukrativeren Posten zu vergeben hat, auf denen ein ehemaliger Politiker ein Vielfaches seines früheren Gehalts verdienen kann. Dafür ist nicht jeder Politiker empfänglich, und das will ich auch nicht jedem unterstellen. Aber es gibt leider nicht wenige, die sich durchaus von solchen Erwägungen leiten lassen. Ich möchte zum Beispiel nicht wissen, wie viele von den Politikern, die gerade eine wichtige Rolle gespielt haben, um eine mögliche Autobahnprivatisierung durchs Parlament zu bringen, später dafür einmal belohnt werden.

Schließlich gibt es den Druck, dass unter den gegenwärtigen Bedingungen Konzerne drohen können, dass sie das Land verlassen oder nicht mehr investieren, wenn die Politik nicht das macht, was sie wollen. Das ist auch keine Ausrede für konzernhörige Politik, denn es wäre möglich, Gesetze zu erlassen, die das verhindern. Aber dafür müsste man dann schon den Mut haben, in die private Verfügung über großes Wirtschaftseigentum einzugreifen. Tut man das nicht, entscheiden die Dirigenten des großen Geldes, wo investiert wird. Und ohne Investitionen gibt es auch keine Arbeitsplätze. Damit ist die Politik nicht nur käuflich, sondern objektiv erpressbar. Bis zu einem bestimmten Grad kann man trotzdem auch heute schon gegen die Interessen der Wirtschaftsfürsten Politik machen. Denn alle Konzerne wollen natürlich auf dem deutschen Markt verkaufen. Und auch Produktion lässt sich nicht beliebig verlagern.

Rötzer: Sie sind vorher für eine gewisse Abgrenzung gegenüber der Politik der freien Märkte eingetreten. Regionalisierung könnte zwar zu einer besseren Umweltpolitik führen, aber auch die Nationalisierung fördern. Beinhaltet der Gang in lokale, regionale oder nationale Beschränkungen von der Produktion über den Kapitalverkehr bis hin zur Kommunikation und Kultur nicht auch Risiken? Das geht ja so weit, dass beispielsweise in Frankreich versucht wird, Sprachregelungen durchzusetzen, um die französische Sprache zu erhalten.

Wagenknecht: Die Förderung und Unterstützung der eigenen Kultur ist weder spießig noch reaktionär, sondern sinnvoll, weil die Menschen immer von ihrer Kultur geprägt sind. Die unterschiedlichen Kulturen sind in Europa nicht verschwunden, und das bleibt hoffentlich auch so. Unter Kultur verstehe ich nicht nur unterschiedliche Sprachen, sondern auch die politische Kultur, die schon zwischen Deutschland und Frankreich völlig verschieden ist. Selbst in der Wirtschaftspolitik findet man unterschiedliche Traditionen. Was in Italien wirtschaftspolitisch populär ist, kann in Deutschland auf entschiedene Ablehnung stoßen. Wir sollten nicht bestrebt sein, alles zu uniformieren und in ein Einheitskorsett zu zwingen.

Rötzer: Die Nationalstaaten in ihrer heutigen Form sind eigentlich eine relativ junge Entwicklung. Zudem gibt es eine zunehmende Tendenz wie in Schottland, Katalonien, im Baskenland oder auch in Teilen Italiens, aus den Nationalstaaten auszubrechen und kleinere Staaten zu bilden. Begrüßen Sie diese Unabhängigkeitsbewegungen, die vielleicht auch mehr kulturelle Vielfalt mit sich bringen?

Wagenknecht: Das kann man doch oft auch durch mehr Autonomie und föderale Rechte gewährleisten. In Deutschland wurde zum Beispiel nach dem Zweiten Weltkrieg bewusst kein starker Zentralstaat, sondern ein föderales Land aufgebaut. In Frankreich ist es anders, weil es dort immer den starken Zentralstaat gegeben hat. Aber in den Ländern, in denen es große kulturelle Unterschiede gibt, sollte man die Regionen durch Föderalisierung stärken.

Lauter Kleinstaaten entstehen zu lassen, die am Ende gar keine wirkliche Souveränität haben, weil sie dafür einfach zu klein sind, ist doch nicht sinnvoll. In Schottland wurde ja abgestimmt. Damals setzten die Schotten mehrheitlich das klare Zeichen, dass sie in Großbritannien bleiben wollen, auch wenn sie Schotten sind.

Ein anderes Beispiel ist Italien. Weil Norditalien wirtschaftlich viel stärker ist als Süditalien, wollen sich die Menschen im Norden abspalten, während die Süditaliener natürlich dagegen sind. Ich finde, hier muss der völkerrechtliche Grundsatz gelten, dass eine Abspaltung nur bei Zustimmung des gesamten Landes erfolgen darf. Dadurch wird verhindert, dass eine besonders wohlhabende Region sich aus der Solidarität und Verantwortung gegenüber anderen Landesteilen stiehlt.

Rötzer: Haben viele Linke ein ideologisches Problem damit, supranationale Institutionen ein Stück weit zu entmachten und die Entscheidungsmacht wieder stärker in die Souveränität der

Länder zu verlagern, weil das als nationalistisch angesehen werden kann?

Wagenknecht: Ich glaube, viele verwechseln Demokratie und Nation. Es geht nicht um die Aufwertung des Nationalen, sondern um die Wiederherstellung von Demokratie. Zumindest halbwegs funktionierende demokratische Strukturen gibt es momentan nur in den einzelnen Staaten, weil diese über die notwendigen Voraussetzungen verfügen, die auf supranationaler Ebene fehlen.

Klar finde ich es auch schön, wenn man Grenzen nicht mehr spürt. Wenn man wie ich im Saarland lebt, ist man in zehn Minuten mit dem Fahrrad in Frankreich und kann sich ein Baguette kaufen, ohne Geld wechseln zu müssen. Ein einiges Europa ohne Schlagbäume, ohne Völkerhass und vor allem ohne die Gefahr, irgendwann noch einmal Krieg miteinander zu führen, ist eine großartige und unverändert aktuelle Idee. Aber dafür muss man die EU-Kommission nicht noch stärker machen. Ganz im Gegenteil, genau das trägt zu den erstarkenden antieuropäischen Ressentiments bei. Denn wenn die Menschen sich so von außen regiert fühlen, wenden sie sich gegen Europa, was dem Nationalismus Aufwind verschafft.

Rötzer: Aber warum versuchen die linken Parteien nicht, sich europaweit besser zu organisieren und von unten kommend europäische Institutionen oder europäische Gewerkschaften zu fördern, um in Brüssel eine alternative Machtstruktur aufzubauen?

Wagenknecht: Das kann man versuchen, ich halte es aktuell nur nicht für sehr aussichtsreich. Klar, es gibt die Europäische Linke ebenso wie die EVP und ähnliches auch bei den Sozialdemokraten.

Rötzer: Das sind ja aber alles zusammengewürfelte Haufen. Genauso wie die ›Konföderale Fraktion der Vereinigten Europäischen Linken/Nordische Grüne Linke‹.

Wagenknecht: Eben. Und das kann man kurzfristig auch nicht überwinden, dafür sind die Differenzen zu groß. Welche Linke soll denn der anderen vorschreiben, was sie zu machen hat? Sollen wir Deutschen den Linken in Spanien vorschreiben, dass sie nicht mehr vom Vaterland reden sollen? Sollten wir lieber ihre Positionen übernehmen? Soll die Mehrheit der Mitglieder entscheiden, was automatisch große Länder wie Deutschland privilegiert? Es funktioniert nicht. Es sind einfach eigenständige Parteien, die sich in den Traditionen ihrer Länder gebildet haben und die die Kultur und die Lebensweise der Menschen in den betreffenden Ländern widerspiegeln. Das ist eben noch sehr, sehr unterschiedlich. Kann sein, dass das in hundert oder zweihundert Jahren einmal anders ist. Auch die modernen Nationalstaaten sind das Resultat einer historischen Entwicklung. Vor 1 000 Jahren gab es noch nichts Vergleichbares. Heute bilden sie den maßgeblichen Rahmen für die Politik. Das kann man nicht von einem Tag auf den anderen verändern.

IV. Ausgewählte Reden

Rede auf dem Hannoveraner Parteitag

Liebe Genossinnen und Genossen,

wir haben jetzt drei Tage lang gemeinsam um ein gutes Wahlprogramm gerungen, wir haben diskutiert, wir haben an einigen Stellen auch gestritten, einige Punkte sind auch noch offen, aber ich denke, wir werden das zu einem guten Abschluss bringen. Aber entscheidend ist, dass wir, wenn wir hier rausgehen, dann alle gemeinsam für ein super Wahlergebnis für DIE LINKE kämpfen, mit Leidenschaft und mit Engagement. Dafür brauche ich eure Unterstützung, und ich freue mich auf den Wahlkampf!

Die wichtigste Voraussetzung für ein gutes Wahlergebnis ist, dass wir davon überzeugt sind: Jawohl, DIE LINKE kann die Politik in diesem Land aufmischen! Wir sind für Überraschungen gut und wir kämpfen darum, dass dieses Wahlergebnis überraschend gut wird, weil dieses Land es nötig hat. Wahlen müssen nicht immer so ausgehen, wie die Herrschenden sich das ausrechnen, das hat man ja jetzt gerade in Großbritannien gesehen. Corbyn ist von einer fast aussichtslosen Position gestartet, und am Ende hat er einen grandiosen Wahlerfolg erzielt. Und Corbyn zeigt auch, dass man Wahlen nicht gewinnt, wenn man dem

Mainstream hinterherläuft. Wahlen gewinnt man auch nicht, wenn man sich von anderen Parteien oder von den Medien sagen lässt, was vorwärtsgewandt und modern und was rückwärtsgewandt ist, sondern Wahlen gewinnt man, wenn man klare Positionen hat. Und Wahlen gewinnt man vor allem, wenn man etwas verkörpert, was in der heutigen Politik selten geworden ist, nämlich Glaubwürdigkeit. Und wir sind glaubwürdig als LINKE, weil wir zu unseren Forderungen stehen! Neben Corbyn hat auch Jean-Luc Mélenchon in Frankreich gezeigt, wie man Wahlen gewinnen kann, wie man vor allem auch junge Menschen begeistern kann. Das Ergebnis der ersten Runde der Präsidentschaftswahlen in Frankreich mit fast zwanzig Prozent war ein großartiges Ergebnis. Und deswegen sage ich von hier und von diesem Parteitag – denn heute sind ja wieder Wahlen, der erste Wahlgang in Frankreich zur Nationalversammlung: Wir wünschen der französischen Linken, wir wünschen Jean-Luc Mélenchon ein super Wahlergebnis bei diesem schwierigen Wahlsystem, das sie dort haben.

Es ist ganz viel diskutiert worden, fast alle Berichte über diesen Parteitag waren bestimmt von der Frage, will DIE LINKE koalieren, will sie nicht koalieren. Ich sage da ganz klar: Wir wollen die Grundrichtung der Politik in diesem Land verändern. Ja, wir wollen den Sozialstaat wieder herstellen. Ja, wir wollen die verdammten Agenda-Gesetze, die die Beschäftigten wehrlos machen gegenüber den Lohndrückern, diese Gesetze wollen wir zurücknehmen und wir wollen abrüsten, wir wollen die deutschen Kriegsabenteuer beenden, wir wollen unsere Soldaten nach Hause zurückholen. Das wollen wir alles, und wenn wir dafür Partner haben, dann wollen wir auch regieren, das ist doch völlig klar – das ist unsere Position.

Genauso klar, und auch darüber sind wir uns alle einig, genauso klar ist, was wir nicht wollen. Genauso klar ist auch, wofür wir nicht zur Verfügung stehen. Nämlich dafür, die schon beträchtliche Vielfalt an Koalitionsoptionen, mit denen man neoliberale Politik machen kann – und das reicht ja heute von Schwarz-Gelb über Große Koalitionen, über Jamaika bis hin zur SPD-Grünen-Koalition, das hatten wir alles schon, und sie haben alle neoliberale Politik gemacht –, was wir nicht wollen und was wir nicht machen werden, ist, diese Vielfalt von Koalitionsoptionen um eine weitere Variante zu bereichern, die sich dann Rot-Rot-Grün nennt, aber im Kern das Gleiche macht wie alle vorher. Das machen wir nicht mit, dafür stehen wir nicht zur Verfügung, dafür ist DIE LINKE nicht gegründet worden!

Und wir sagen auch deutlich: Dann ist gute Opposition immer noch besser als schlechte Regierungspolitik, denn schlechte Regierungspolitik, die hat dieses Land weiß Gott genug gehabt in den letzten Jahren. Was schlechte Regierungspolitik bedeutet, das haben wir doch erlebt in all den Jahren in Deutschland, wo die Ungleichheit immer größer gemacht wurde, wo der Niedriglohnsektor ermöglicht wurde durch politische Entscheidungen. Das Ergebnis haben wir heute. Heute arbeitet jeder Fünfte in Deutschland im Niedriglohnsektor, 6,5 Millionen Menschen sind dauerhaft im Hartz-IV-System gefangen, 2,7 Millionen Rentner sind von Armut bedroht. Das ist die Realität in diesem Deutschland, und da reden einige allen Ernstes davon, ob soziale Gerechtigkeit in diesem Land ein Thema ist. Natürlich ist das ein Thema, für uns ist es ein Thema, auch wenn alle anderen davon nichts hören wollen – wir werden das im Wahlkampf zum Thema machen und wir werden die anderen damit stellen. Es ist doch unglaublich, was die Politik, an der sie alle beteiligt waren – die CDU war beteiligt, die FDP, die SPD, die GRÜNEN –, was diese Politik in den letzten Jahren angerichtet hat. Das Deutsche Institut für Wirtschaftsforschung hat errechnet, dass heute in Deutschland vierzig Prozent der Bevölkerung real weniger Einkommen haben als Ende der 90er Jahre. Vierzig Prozent, das ist fast die Hälfte der

Bevölkerung und das nach Jahren, in denen die Wirtschaft gewachsen ist, in denen die Wirtschaftskonzerne vor Kraft kaum laufen können, in denen uns erzählt wurde, wir hätten ein Jobwunder. Und dennoch ist fast die Hälfte der Bevölkerung schlechter gestellt. Das ist doch ein Armutszeugnis für die ganze Politik, die da gemacht wurde und für all die Parteien, die dafür verantwortlich sind. Das ist doch eine Schande! Das wollen wir nicht fortsetzen, sondern ändern, dafür sind wir da. Wenn ich mir ansehe, dass es vierzig Prozent der Menschen schlechter geht – und dann stellt sich diese Bundeskanzlerin, da stellt sich Frau Merkel allen Ernstes hin und sagt: »Deutschland geht es so gut wie nie zuvor.« Deutschland geht es also »gut wie nie zuvor« – und das, wenn knapp die Hälfte der Bevölkerung richtig Wohlstand verloren hat. Das lässt doch nur zwei Schlüsse zu: Entweder gehört für Frau Merkel die Hälfte der Bevölkerung nicht zu Deutschland, oder aber sie weiß schlicht nicht, wie die Lebensrealität der Menschen in diesem Land ist. Ich denke, es ist egal, welche von diesen Varianten zutrifft, denn wer sich öffentlich so hinstellt, wer solche Dinge sagt, der gehört im Herbst in Rente geschickt, der hat keine Verlängerung verdient. Diese Frau gehört abgewählt, das darf so nicht noch einmal weitergehen! Aber natürlich gehört nicht nur Merkel abgewählt, ihre Politik gehört abgewählt. Und das ist auch ein Problem, denn warum wird sie denn so wenig attackiert? Weil die anderen Parteien mit im Boot sitzen, weil sie entweder teilweise beteiligt waren oder aber beteiligt werden wollen, so wie es bei den GRÜNEN ist. Es ist ihre Politik, die die Katastrophe ist. Aber wir haben den Mut, die Legenden zu demaskieren, die um sie gestrickt werden. Wir sagen: Von wegen! Frau Merkel steht nämlich nicht für Stabilität. Von wegen! Frau Merkel steht nämlich nicht für Sicherheit. Sie steht für das ganze Gegenteil! Sie ist nicht der Fels in der Brandung einer unsicheren Welt, die heute von den Trumps und anderen dominiert wird. Nein, das ist sie nicht! Ihre Bilanz ist verheerend. Wir müssen uns doch nur einmal anschauen, was sie real angerichtet hat. In ihren mittlerweile zwölf Jahren Regierungszeit ist die soziale Unsicherheit, die Zahl prekärer Jobs, die Angst vor Altersarmut, die Angst vor sozialem Abstieg weiter gewachsen. Das alles bedeutet nicht Stabilität, sondern wachsende soziale Verunsicherung für das Leben der Menschen. Und auch das gehört zu ihrer Bilanz: In Merkels mittlerweile zwölf Jahren Regierungszeit hat sich der Staat immer weiter aus der Grundversorgung der Menschen zurückgezogen. Elementare Dinge wie Wohnen, Gesundheit, Pflege oder auch Bildung wurden privaten Renditejägern überlassen. Den Gipfel dieser Politik haben wir gerade erst im Bundestag erreicht. Jetzt soll sogar die Autobahn zur Melkkuh privater Profite werden, zur Freude von Allianz und anderen Versicherungskonzernen. Das ist keine Politik, die dieses Land stabiler macht. Das ist eine Politik, die die öffentliche Infrastruktur zerstört und die das Leben der Menschen immer mehr in Unsicherheit stößt. Zu Merkels Regierungszeit, und auch das gehört zu ihrer Bilanz, konnte sich eine Partei der äußersten Rechten, nämlich die AfD, im Parteiensystem etablieren, und zwar nicht nur als Randerscheinung in dem einen oder anderen Bundesland, sondern flächendeckend. Seither haben Rassisten, Halbnazis und richtige Nazis in diesem Land eine parlamentarische Repräsentanz und Einfluss auf die öffentliche Meinung, wie das über Jahrzehnte nicht denkbar war. Auch das bedeutet doch nicht Stabilität, sondern das ist eine Schande, und wir wollen das verändern. Die AfD muss wieder weg, und auch dafür brauchen wir eine andere Politik. Und reden wir über Außenpolitik, was ist da unter Merkel passiert? In ihrer Regierungszeit wurde die Entspannungspolitik endgültig entsorgt. Im Verhältnis zu Russland hat sie auf Konfrontation umgeschwenkt – gemeinsam natürlich mit den USA und anderen NATO-Staaten –, die inzwischen den Weltfrieden elementar gefährdet. Die direkte oder indirekte Beteiligung Deutschlands an Kriegseinsätzen, am Bombenterror, an Drohnenmorden im Nahen und Mittleren Osten, all das hat nicht nur dort die Regierung destabilisiert, hat Millionen Menschen das Leben gekostet, sondern diese Politik hat inzwischen auch Deutschland zur Zielscheibe islamistischer Terroranschläge gemacht. Das ist doch keine Politik der Stabilität, das ist eine Politik, die diese Welt unsicherer macht und unser Leben immer mehr gefährdet. Und deswegen sagen wir: Wir wollen diese Politik nicht fortführen, wir stehen für eine andere, dafür kämpfen wir. Und deshalb gibt es auch keine Trennlinie, die auf der einen Seite die Trumps dieser Welt von den Merkels, Macrons und Obamas auf der anderen Seite wirklich unterscheiden würde. Ja, Trump ist ein rüpeliger Reaktionär, das ist richtig, aber wer trägt denn die Verantwortung dafür, dass ein rüpeliger Reaktionär wie Trump amerikanischer Präsident werden konnte? Es hat schon fast eine gewisse Komik, wenn in den USA jetzt allen Ernstes darüber diskutiert wird, diese Verantwortung nun auch noch Putin in die Schuhe zu schieben. Nach dem Motto, Putin ist sowieso für alles Übel dieser Welt zuständig, also muss er offensichtlich auch für Trump zuständig sein. Aber die Wahrheit ist eine andere. Die Wahrheit ist nicht, dass Putin Trump ins Amt gebracht hat, sondern es war die Unfähigkeit von Trumps Vorgängern, der amerikanischen Mittelschicht, den ehemaligen amerikanischen Industriearbeitern eine einigermaßen sicherere soziale Perspektive zu geben. Und es war auch die Unfähigkeit der Demokraten, einen halbwegs glaubwürdigen Gegenkandidaten in der Präsidentschaftswahl aufzustellen. Das sind doch die Verantwortlichkeiten, warum ein Donald Trump überhaupt gewählt werden konnte. Und weltweit gilt, Dietmar hat das auch schon gesagt: Es ist der Neoliberalismus, der der Vater der autoritären Reaktion einschließlich seiner neofaschistischen Ableger ist. Der Neoliberalismus ist verantwortlich dafür, das politische Klima immer mehr zu vergiften. Die Konsequenzen sind finster, aber gerade deswegen muss man die neoliberale Politik überwinden, wenn man diese Konsequenzen weghaben will, wenn man all das überwinden will.

Jeder normale Mensch muss entsetzt sein über den Level an brutaler Menschenverachtung, der sich in vielen Hasskommentaren in den sozialen Medien Bahn bricht, aber die Wahrheit ist doch, dass die Brutalität im Netz der Spiegel einer zunehmend brutalisierten Gesellschaft ist. Die Politiker, die sich über die Pöbler so gern erheben, die sind doch mit verantwortlich dafür, dass die soziale Kälte immer eisiger wird, dass die Menschen ihre Ellenbogen immer mehr einsetzen und das eben so auch das politische Klima immer mehr vergiftet wird. Und man muss sich ganz ernst fragen: Was ist eigentlich brutaler und menschenverachtender? Jemand, der sich im Schutz der Facebook-Anonymität den Frust über sein verkorkstes Leben von der Seele pöbelt, oder ein Politiker, der mit seiner Familie in Wohlstand lebt und einer Alleinerziehenden kalt vorrechnet, dass Malen, Basteln und ab und an eine Kugel Eis nicht zum Grundbedarf eines Kindes gehören und eben deshalb im Hartz-IV-Regelsatz nicht vorgesehen sind. Ich muss sagen, so widerlich ich viele Hasskommentare finde, Letzteres finde ich noch kälter und zynischer, und es ist das, was das Klima zerstört, und das darf nicht so weitergehen. Aber gerade weil der Neoliberalismus die Ungeheuer am rechten Rand gebiert, brauchen wir dringend eine andere Politik. Und deshalb möchte ich hier noch einmal ganz deutlich sagen, damit es auch der Letzte, der hier Berichte über den Parteitag schreibt, verstanden hat: Einen deutschen Jeremy Corbyn würde DIE LINKE sofort zum Kanzler wählen und zwar mit Vergnügen, das würden wir gerne machen. Es steht nur leider nicht in unserer Macht, aus Martin Schulz einen deutschen Jeremy Corbyn zu machen. Das hätte er nur selber tun können. Und er hatte anfangs sogar die

Chance dazu; denn was lag denn dieser unglaublichen Euphorie zugrunde, die am Anfang ausbrach, nachdem Schulz nominiert war? Das war doch die breite Sehnsucht nach einer anderen Politik! Nach Jahren von Sozialabbau und Agendapolitik hatten ganz viele Menschen plötzlich noch mal die Hoffnung, die SPD würde wieder zu einer sozialdemokratischen Partei werden, die Politik für ihre eigenen Wähler und nicht für die Wirtschaftsbosse macht. Das war doch die Hoffnung! Das haben zum Beispiel auch die grüne Politikerin Antje Vollmer und der Sohn von Willy Brandt, Peter Brandt, in einem Artikel schön zusammengefasst. Ich zitiere: »Die Euphorie bei der Ausrufung von Martin Schulz zum Kanzlerkandidaten war leichtfertig als langersehnte Übereinstimmung mit der Politik der SPD gedeutet worden – sie war aber als Aufforderung gemeint. Viele Menschen wollten wirklich, dass es ›ganz anders‹ wird. Sie wollten einen ›deutschen‹ Bernie Sanders.« Es geht jetzt nicht darum, wie realistisch es war, Schulz zur Projektionsfläche solcher Hoffnungen zu machen, sondern es geht darum, dass ein kleiner Funke einer solchen Hoffnung genügte, um die SPD auf einen Schlag über dreißig Prozent zu katapultieren. Das sagt doch etwas über die Stimmung in diesem Land aus. Während immer erzählt wird, es gäbe keine Wechselstimmung, war das doch der Ausweis, wie intensiv die Menschen sich eine andere Politik wünschen, denn das stand doch dahinter. Man muss auch sagen, dass das die angeblich so populäre Frau Merkel plötzlich genauso schlagartig ganz alt hat aussehen lassen. Aber dann hat sich Schulz wirklich alle Mühe gegeben, auch noch dem Gutwilligsten klarzumachen, dass diese Hoffnung verfehlt war. Inzwischen muss man leider feststellen, dass im Vergleich zu den Forderungen, die Schulz im Frühjahr dem geneigten Publikum häppchenweise offeriert hat, selbst noch das SPD-Wahlprogramm von 2013 mit Steinbrück als Kanzlerkandidaten ein geradezu revolutionäres Dokument war. Da haben sie sich immerhin noch getraut zu sagen, wir wollen die Rente erst ab 67 zurücknehmen, und wir wollen eine Vermögenssteuer. Nichts davon ist heute noch übrig. Beim Thema Rente versucht uns Schulz allen Ernstes die Verteidigung des Ist-Zustandes und die Ablehnung weiterer Verschlechterungen als sozialpolitische Großtat zu verkaufen. Nur zur Erinnerung, der Ist-Zustand bei der Rente ist, dass inzwischen jeder sechste Rentner von Armut bedroht ist. Dazu sagen wir als LINKE ganz klar nein. Wir wollen diesen Ist-Zustand nicht verfestigen. Wir wollen die Rentenkürzungen zurücknehmen, darum geht es. Statt sich mit einem derart mutlosen Programm zu blamieren, hätte Schulz lieber eine Studienreise nach Österreich unternehmen sollen, denn Österreich ist genau den gegenteiligen Weg gegangen. Dort wurde nicht auf Betrugsrenten à la Riester oder Nahles gesetzt, sondern dort wurde die gesetzliche Rente gestärkt. Dort wurde das gemacht, wofür DIE LINKE seit Jahren wirbt: einen großen Topf, und alle zahlen ein, die Beschäftigten, die Selbständigen, die Beamten, sogar die Politiker, und das Ergebnis kann sich sehen lassen. Ein Durchschnittsrentner bekommt in Österreich 800 Euro mehr als in Deutschland. Das wollen wir auch hier, dafür streiten wir.

Das Einzige, was von Schulz' groß angekündigten Agendakorrekturen übrig geblieben ist, ist eine kleine Korrektur bei der Anrechnung von Weiterbildungszeiten. Ein Ende der Lohndrückerei mit Leiharbeit: Fehlanzeige, eine Anhebung der Hartz-IV-Sätze: Fehlanzeige, eine Erhöhung des Mindestlohns: Fehlanzeige. Da muss man wirklich sagen: Wer an Niedriglöhnen, Rentenkürzungen, Hartz IV nichts ändern will, der soll dann auch aufhören, von sozialer Gerechtigkeit zu reden, das ist Etikettenschwindel. Wie die SPD leider tickt, kann man in einem Interview nachlesen, dass Herr Oppermann vor gut einem Monat der *Welt* gegeben hat und wo er sich über Jeremy Corbyn ausgelassen hat. Das möchte ich zitieren, weil ich finde, dass es zeigt, wie dort gedacht wird. Herr Oppermann befindet also in der *Welt* über Corbyn: »Jeremy Corbyn hat die einst bedeutende Labour Party kampfunfähig gemacht. Labour ist völlig orientierungslos und wird bei der Wahl voraussichtlich eine katastrophale Niederlage erleiden. Corbyn ist ein Altlinker, der Europa als eine Festung des Kapitalismus betrachtet. Wenn ich mir Labour heute ansehe, leide ich wie ein Hund.« Das kann ich mir vorstellen, dass Oppermann wie ein Hund gelitten hat, als ihm Corbyn gezeigt hat, dass man mit konsequent sozialdemokratischen Positionen Wahlen gewinnen kann! Und wir wollen es Oppermann auch zeigen, lassen wir ihn auch leiden, das ist doch ein gutes Ziel nebenbei.

Ab und an gibt es dann wieder Äußerungen von Martin Schulz, wo man sich auf den ersten Blick sagt: »Wow, das hört sich ja gut an!« Vor kurzem hat er zum Beispiel eine Rede vor den Arbeitgeberverbänden gehalten, und dort war doch wirklich der Satz drin: »Unter meiner Führung wird es nur eine Koalition geben, die proeuropäisch ist und die ökonomische Vernunft walten lässt.« Ich war völlig hingerissen, proeuropäisch und dann noch ökonomische Vernunft, eine klarere Absage sämtlicher Koalitionsmöglichkeiten mit Frau Merkel oder Herrn Lindner konnte man eigentlich gar nicht machen. Das war doch wirklich beeindruckend in dieser Aussage. Aber nicht nur das, im Grunde war das auch die Aussage dafür, die gesamte SPD-Politik wieder völlig umzuwälzen, weil die Agenda 2010 mit ihrer Lohndrückerei und damit mit der Weichenstellung für riesige Exportüberschüsse im Grunde das antieuropäischste Gesetz ist, das wir in den letzten Jahren in Deutschland beschlossen haben. Wenn er das ernst gemeint hätte, dann hätte das natürlich auch ein Umkrempeln der SPD-Politik bedeutet. Also dachte ich: »Ach, Mensch, habe ich dem Schulz doch Unrecht getan.« Aber ich habe dann einen Fehler gemacht, ich habe nämlich die Rede bis zum Ende gelesen, und dann kam folgende Passage: »Die Kritik an unseren hohen Handelsbilanzüberschüssen halte ich für falsch. Wir müssen uns nicht dafür schämen, erfolgreich zu sein. Deshalb wird meine Antwort auf den Vorwurf des deutschen Handelsbilanzüberschusses heißen: Wir werden noch stärker werden.« Das hätte Schäuble wirklich auch nicht dümmer sagen können. Liebe SPD, für so eine antieuropäische Politik steht DIE LINKE definitiv nicht als Partner zur Verfügung, um das noch mal ganz klarzumachen.

Dass Merkel jetzt wieder so obenauf ist, das liegt nicht an fehlender Wechselstimmung, sondern ist einfach die Folge davon, dass kein normaler Mensch Schulz mehr abnimmt, dass er für einen politischen Wechsel steht. Politikwechsel, das heißt doch nicht Raute oder Zottelbart im Kanzleramt. Politikwechsel heißt Wiederherstellung des Sozialstaates, Abrüstung und keine neuen Kriegsabenteuer. Das heißt doch Politikwechsel, und dafür stehen wir und dafür streiten wir. Deswegen ist es auch müßig darüber zu streiten, ob Merkel oder Schulz unser Hauptgegner ist. Unser Hauptgegner ist die neoliberale Politik, unser Hauptgegner ist eine Politik, die von Wirtschaftslobbyisten gesteuert wird. Unser Hauptgegner sind Politiker, die sich freuen, wenn ihnen ein Vorstandsvorsitzender auf die Schulter klopft, und die sich von Konzernspenden und der Aussicht auf lukrative Aufsichtsratsmandate kaufen lassen. Das ist unser Hauptgegner, und es ist doch kein Zufall, dass die zwei großen letzten Projekte der GroKo, also die Betrugsrente, die sich Betriebsrente nennt, und die Autobahnprivatisierung, einen gemeinsamen großen Profiteur haben, nämlich die Finanzwirtschaft und die Versicherungskonzerne, die regelmäßig diverse Parteien mit ihren Spenden schmieren. Es ist auch kein Zufall, dass die Rüstungslobbyisten inzwischen eben nicht nur CDU/CSU und FDP, sondern auch SPD und inzwischen sogar den GRÜNEN regelmäßig ihre Schecks rüberreichen. Ich finde, da können wir wirklich stolz sein, denn DIE LINKE ist die einzige Partei im Deutschen Bundestag, die noch nie einen müden Euro von irgendeinem Rüstungskonzern oder der Deutschen Bank bekommen hat! Und wir können unseren Wählerinnen und Wählern versprechen, das wird auch so bleiben, dafür stehen wir, deshalb sind wir gradlinig. Wir ducken uns auch nicht weg vor den Kampagnenlobbys, die uns erzählen, dass die Vermögensteuer in die politische »Pfui«-Ecke gehört, nein, wir sind überzeugt davon, dass nicht die Besteuerung von Riesenvermögen eine Enteignung ist, sondern dass es die Existenz von Riesenvermögen ist, die auf Enteignung beruht, weil nämlich niemand Milliardenvermögen erarbeiten kann, niemand ist dazu in der Lage. Deshalb sagen wir auch ganz klar, wenn wir eine Millionärsteuer fordern, dann ist das eine Rückgabe. Mit einer solchen Millionärsteuer würde sich die Allgemeinheit das Geld, das sich alle gemeinsam erarbeitet haben, endlich von den privaten Konten, auf denen es sich jetzt stapelt, wieder zurückholen. Sinnvolle Dinge könnten wir damit machen, gute Bildung, gute Gesundheit und gute Pflege. Das will DIE LINKE: die Rückgabe von enteignetem Geld, welches sich bei den Milliardären stapelt. Gerade deshalb kann es für uns nicht primär darum gehen, ob Regierung oder Opposition, sondern es geht darum, so stark zu werden, dass wir die anderen vor uns hertreiben können, denn dann kann man zur Not auch aus der Opposition heraus Politik verändern. Und wenn die SPD noch einmal zur Besinnung kommt und auch die GRÜNEN noch einmal zur Besinnung kommen – umso besser, aber für uns steht nicht die Frage, ob Regieren oder Opponieren, uns geht es darum, so stark zu werden, dass die anderen an uns nicht mehr vorbeikommen, und dann verändern wir die Politik in diesem Land. Wenn alle anderen immer Verlässlichkeit von uns verlangen, dann können wir nur sagen: Ja, wir sind verlässlich, weil wir auch nach der Wahl zu dem stehen, was wir vor der Wahl versprochen haben. Wenn das die anderen auch so halten würden, die SPD, die FDP, die GRÜNEN und die CDU/CSU, dann stünde es besser um die Demokratie in diesem Land.

Von den Opppermanns und Özdemirs höre ich immer, wir sollen uns zur NATO und zur EU bekennen. Wessen Interessen die Feder geführt haben, als die EU-Verträge unterschrieben wurden, dass lässt sich schon in einem kleinen Detail erkennen. Es ist vertragswidrig, wenn ein Land in der EU ein Haushaltsdefizit von mehr als drei Prozent hat. Es ist allerdings nicht vertragswidrig, wenn ein Land in der EU es sich zum Geschäftsmodell macht, großen Konzernen Steuersparmodelle anzubieten, die es ihnen ermöglichen, ihre Steuern auf 0,05 Prozent zu drücken und die alle anderen Staaten um Milliarden an Steuereinnahmen prellen. Solche Verträge müssen geändert werden, gerade wenn man ein einiges und gutes Europa will, das die Menschen unterstützen, und wenn man will, dass Völkerhass und Nationalismus nie wieder eine Chance bekommen.

Zur NATO: »In Wirklichkeit ist sie überflüssig«, das hat ein ehemaliger deutscher Kanzler vor einigen Jahren über das westliche Kriegsbündnis gesagt, da hatte sich die NATO schon bis an die russische Grenze ausgedehnt und die Öl- und Gaskriege im Nahen und Mittleren Osten geführt. Er begründete das so, dass es sich bei der NATO letztlich um ein reines Instrument der amerikanischen Weltstrategie handele. Nun, Herr Oppermann, wenn Sie immer wollen, dass wir uns zur NATO bekennen, weiß ich nicht, ob Sie diesem Kanzler auch die Regierungsfähigkeit absprechen würden. Ich bin mir nur ziemlich sicher, dass ein Herr Helmut Schmidt, von dem dieses Zitat nämlich stammt, sich wahrscheinlich um das Urteil von Herrn Oppermann relativ wenig geschert hätte.

Noch ein Zitat: »Unser Ziel ist es, die Militärbündnisse durch eine europäische Friedensordnung abzulösen.« Diesen schönen Satz hatte die SPD unmittelbar nach dem Ende des Kalten Krieges in ihrem Grundsatzprogramm, und er hat dort sogar ein Jahrzehnt überlebt. Also war die SPD entweder die ganzen 90er Jahre nicht regierungsfähig – oder aber sie hat heute einfach ihren Kompass verloren. Ich glaube, das Letztere. Deshalb lasst uns über verantwortungsvolle Außenpolitik reden, liebe SPD, das machen wir gerne. Aber was ist verantwortungsvolle Außenpolitik? Ist es verantwortungsvoll, wenn über 900 Milliarden Dollar jedes Jahr für Rüstung verschleudert werden? Und dann gehen die hin – die SPD trägt das mit und die CDU/CSU sowieso und die anderen auch –, und dann sagen sie, wir müssen noch mehr aufrüsten, müssen noch mehr Gelder für Rüstung verschleudern. Gleichzeitig warnen die UN, dass 23 Millionen Menschen im Jemen, im Südsudan und in Afrika akut vom Hungertod bedroht sind, doch dafür hat die tolle westliche Wertegemeinschaft kein Geld, weil ihnen das offensichtlich nicht so wichtig ist, wie sich hochzurüsten für Bomben und für Kriege. Das ist keine verantwortungsvolle Außenpolitik. Das ist zynisch und zutiefst verantwortungslos, so eine Außenpolitik werden wir nie mitmachen. Wer wissen will, was verantwortungsvolle Außenpolitik ist, der sollte sich an das Credo von Willy Brandt erinnern: »Von deutschem Boden darf nie wieder Krieg ausgehen«. Dafür steht DIE LINKE, für Abrüstung, für Entspannung und für ein Ende aller deutschen Kriegsbeteiligungen. Das ist für uns schon deshalb nicht verhandelbar, weil es nichts Wichtigeres gibt als die Bewahrung des Weltfriedens. Und deshalb, liebe Freundinnen und Freunde von der SPD und auch von den GRÜNEN, wenn Ihr wieder zu einer verantwortungsvollen verlässlichen Außenpolitik zurückfindet, könnt Ihr Euch gerne wieder bei uns melden, dann sind wir auch gern wieder bereit, mit Euch zu reden, aber mit Euren aktuellen Positionen funktioniert das nicht, das braucht die Welt nicht, noch mehr Krieg und noch mehr Bomben.

Und ein letzter Punkt: Wenn man die ganze Debatte darüber, ob wir denn regierungsfähig seien, verfolgt, ist das teilweise eine Beleidigung der Intelligenz, was dort immer erzählt wird. Wer ist denn regierungsunfähig? Regierungsunfähig sind Parteien, die eine unfähige Regierung bilden, die nämlich unfähig ist, Politik im Interesse der großen Mehrheit der Menschen zu machen. Parteien, die solche unfähigen Regierungen gebildet haben, haben wir in diesem Lande genug, aber DIE LINKE gehört nicht dazu, und wir werden auch nicht so eine regierungsunfähige Partei werden. Wir wollen dieses Land verändern, wir wollen soziale Gerechtigkeit, wir wollen Frieden – und dafür kämpfen wir jetzt, wir gehen in den Wahlkampf und sind motiviert, und wir werden ein überraschend gutes Ergebnis bekommen. Ich danke Euch.

Rede auf dem Bundesparteitag am 11.6.2017

»Sie machen die Autobahn zur Melkkuh für private Profite«

Herr Präsident! Sehr geehrte Kolleginnen und Kollegen! Das heutige Deutschland hat immer weniger gemein mit jener Bundesrepublik, die den Vätern des Grundgesetzes einst vorschwebte.

(Thomas Oppermann, SPD: Jetzt kommen wieder Adenauer und Erhard!)

Der Auftrag, einen sozialen Bundesstaat zu gestalten, wurde bereits durch die Agenda 2010, den Abbau des Sozialstaats und die Schaffung eines riesigen Niedriglohnsektors weitgehend aufgegeben.

(Carsten Schneider, SPD Erfurt: Ach ja?)

Jetzt wird mit einem Paket von sage und schreibe 13 Grundgesetzänderungen auch noch der Föderalismus untergraben und einer erneuten großflächigen Privatisierung öffentlicher Aufgaben der Weg bereitet.

(Johannes Kahrs, SPD: Keine Ahnung, wie immer! Lesen bildet, denken hilft, Frau Kollegin!)

Ich muss sagen, dieses Abschiedsgeschenk der Großen Koalition ist so vergiftet, dass man wirklich nur hoffen kann, dass möglichst viele Wähler Ihr falsches Spiel durchschauen.

(Johannes Kahrs, SPD: Unglaublich!)

Dass Sie jetzt so laut werden, zeigt doch, wie angefasst Sie sind. Sie wissen es doch ganz genau. Sie täuschen die Öffentlichkeit, Sie erzählen den Leuten Dinge, die nicht stimmen. Deswegen reagieren Sie doch jetzt auch so.

(Beifall bei der LINKEN. Johannes Kahrs, SPD: Aber Arroganz und Dummheit sind schlimmer! Keine Ahnung, aber Redezeit!)

Natürlich ist es gut und sinnvoll, wenn die Bundesländer mehr Geld bekommen, und es ist auch sinnvoll, ärmere Gemeinden bei der Sanierung von Schulen zu unterstützen. Aber all das hätten Sie auch auf anderen Wegen erreichen können. Dafür bedarf es nicht eines – ich zitiere unseren Bundestagspräsidenten – »monströsen Eingriffs in das Grundgesetz«, durch den Regelungen Verfassungsrang und Dauerhaftigkeit bekommen sollen, die bis kurz vor Schluss selbst innerhalb der Koalition heiß umstritten waren und nicht umsonst immer wieder geändert wurden. Und jetzt soll dieses Riesenpaket innerhalb von 48 Stunden durch Bundestag und Bundesrat gedrückt werden.

(Carsten Schneider, SPD Erfurt: Wir haben drei Jahre lang daran gearbeitet!)

Ich finde, wer so vorgeht, der muss sich schon nach seinem Respekt vor der Verfassung dieses Landes fragen lassen.

(Beifall bei der LINKEN. Johannes Kahrs, SPD: Komplett neben der Wahrheit! Aber komplett!)

Wie gesagt, auch wenn Sie alles dafür tun, die Öffentlichkeit zu täuschen: Heute entscheiden Sie, ob ein knapp 13 000 Kilometer langes Straßennetz, das Generationen von Steuerzahlerinnen und Steuerzahlern aufgebaut und finanziert haben, in Zukunft zu einer Melkkuh für private Profite gemacht werden kann oder nicht. Um nichts anderes geht es,

(Beifall bei der LINKEN. Bettina Hagedorn, SPD: Das ist doch der totale Quatsch, was Sie da erzählen!)

auch wenn Sie schon seit Monaten versuchen, die Wählerinnen und Wähler für dumm zu verkaufen.

(Carsten Schneider, SPD Erfurt: Das machen Sie schon zur Genüge!)

Ja, Sie von der SPD sind besonders angefasst, weil Sie besonders intensiv täuschen. Ich verstehe das alles.

(Beifall bei der LINKEN. Johannes Kahrs, SPD: Weil wir einen gewissen Anspruch an Niveau haben! Das ist doch peinlich!)

Ich rufe noch einmal in Erinnerung: Schon im November letzten Jahres ließ Herr Gabriel verlauten, dass die von Herrn Schäuble geplante Autobahnprivatisierung durch sein Veto gestoppt sei. Man war tief beeindruckt von so viel Durchsetzungsvermögen. Dann allerdings hat der Bundesrechnungshof diese Falschaussage von Sigmar Gabriel in der Luft zerrissen. Damit war die Autobahnprivatisierung wieder ein Thema.

(Johannes Kahrs, SPD: Vielleicht machen Sie sich schlau, bevor Sie zu einem Thema reden!)

Also wurde das Paket wieder aufgeschnürt und wurden wieder Änderungen vorgenommen.

(Johannes Kahrs, SPD: Keine Ahnung!)

Führende SPD-Vertreter haben fast im Wochenrhythmus erklärt, dass mit der jeweils letzten Änderung die Privatisierung der Autobahnen nun aber definitiv vom Tisch sei. In der letzten Sitzungswoche ist es der SPD dann angeblich gelungen, eine echte »Privatisierungsbremse« durchzusetzen.

(Johannes Kahrs, SPD: Fragen Sie einmal Ihre Haushälter! Die haben uns dafür gelobt!)

Sie haben offenbar gar nicht bemerkt, wie verräterisch schon der Begriff »Privatisierungsbremse« ist. Bremsen muss man etwas, was bereits im Rollen ist.

(Beifall bei der LINKEN)

Ins Rollen kommt die Autobahnprivatisierung überhaupt nur durch Ihre geplanten Grundgesetzänderungen. Ohne diese Änderungen wäre sie schlicht ausgeschlossen.

(Beifall bei der LINKEN)

Bei dieser Gelegenheit fällt einem natürlich ein, dass wir mit angeblichen »Bremsen« dieser Großen Koalition schon einige Erfahrungen haben. Ich erinnere Sie an die Mietpreisbremse von Herrn Maas, seit deren Beschlussfassung die Mieten noch schneller gestiegen sind als zuvor. Jetzt haben wir auch noch eine »Privatisierungsbremse«. Es steht zu erwarten, dass diese ähnlich wirkungsvoll sein wird.

Jeder unvoreingenommene Beobachter muss sich doch fragen: Wenn Sie wirklich keine Autobahnprivatisierung wollen, warum übertragen Sie dann die Nutzungsrechte und die Verwaltungskompetenz für die Autobahnen an eine Gesellschaft privaten Rechts?

(Sören Bartol, SPD: Effizienz!)

Herr Brinkhaus hat gerade das Parlament gefeiert. Sie wissen ganz genau, dass Sie dadurch die parlamentarischen Kontrollrechte untergraben. Ein Parlament, das dem zustimmt, entmachtet sich selbst. Das ist doch der Kern.

(Beifall bei der LINKEN)

Warum schließen Sie dann nicht wenigstens eine teure Fremdfinanzierung dieser Gesellschaft durch private Kapitalgeber im Grundgesetz aus?

(Carsten Schneider, SPD Erfurt: Schade um die Redezeit!)

Untersagt wird das aktuell nur durch ein normales Gesetz, das jede künftige Regierung mit einfacher Mehrheit wieder ändern kann. Warum schließen Sie den Bau und den Betrieb von Autobahnen durch sogenannte öffentlich-private Partnerschaften im Grundgesetz nicht generell aus, sondern nur, wie es heißt,

(Johannes Kahrs, SPD: Das gibt es doch jetzt schon!)

auf »wesentlichen Teilen« des Streckennetzes?

(Johannes Kahrs, SPD: Ablesen macht es nicht besser!)

Haben Sie schon einmal einen Juristen getroffen, der die Grenzlinie zwischen »wesentlichen« und »unwesentlichen« Teilnetzen definieren kann? Ich jedenfalls nicht.

(Beifall bei der LINKEN. Johannes Kahrs, SPD: Das merkt man!)

Damit ist doch völlig klar, dass mit dieser schwammigen Formulierung den öffentlich-privaten Partnerschaften, also für die bekannten Raubverträge zur Ausplünderung des Steuerzahlers, auch auf großen Streckenabschnitten die Türen nicht geschlossen, sondern weit geöffnet werden.

(Johannes Kahrs, SPD: Vielleicht sollte man reden, nicht nur ablesen, sondern sich einmal informieren! Da können wir helfen!)

Schlimmer noch: Dadurch werden öffentlich-private Partnerschaften überhaupt erstmals im Grundgesetz verankert.

(Johannes Kahrs, SPD: Noch nie mit dem Thema beschäftigt und jetzt Unsinn ablesen!)

Sie empfehlen sich schon allein dadurch künftig als Standardmodell zur Erledigung öffentlicher Aufgaben. Das ist doch die Konsequenz Ihrer Änderungen.

Wer wissen will, was das bedeutet, muss sich einmal anschauen, wie bisherige ÖPPs funktionieren. Ein schönes Beispiel dafür ist Toll Collect, bei der der Steuerzahler seit Jahren von den Betreibern über den Tisch gezogen wird. Heute zahlt der Staat Millionen an private Anwaltskanzleien, weil er nicht in der Lage ist, die zigtausend Seiten langen Verträge zu verstehen, die er einst unterschrieben hat. Inzwischen wird sogar wegen Betrugs ermittelt.

Aber Toll Collect ist kein Einzelfall. Der Bundesrechnungshof hat darauf hingewiesen, dass öffentlich-private Partnerschaften in der Regel viel höhere Kosten verursachen als Bauprojekte in Eigenregie. Bei Autobahnen liegen die Mehrkosten bei bis zu 40 Prozent. Diese teuerste aller denkbaren Varianten soll in Zukunft mit grundgesetzlicher Weihe zum Standardmodell zur Sanierung unserer Infrastruktur werden, und das nicht nur für Autobahnen, sondern auch für Schulen und in vielen anderen Bereichen, ein Modell, bei dem die öffentliche Hand alle Risiken trägt und der Private sichere Renditen kassiert? Es ist genau besehen eine der übelsten Formen der Privatisierung. Und da erzählen Sie den Leuten doch wirklich, ohne rot zu werden, Sie hätten eine Privatisierung verhindert. Ich finde das wirklich dreist.

(Beifall bei der LINKEN. Johannes Kahrs, SPD: Wie kann man so einen Unsinn auch noch ablesen?)

Natürlich weiß ich,

(Johannes Kahrs, SPD: Nein, eben nicht!)

dass Sie der Grundgesetzänderung auch in diesem Fall ein einfaches Gesetz zur Seite gestellt haben, das ÖPPs stärker beschränkt.

(Johannes Kahrs, SPD: Keine Ahnung, aber davon viel!)

Aber auch dieses Gesetz kann jederzeit mit einfacher Mehrheit wieder aufgehoben werden.

Wer wissen will, worum es wirklich geht, der muss den Abschlussbericht der von Herrn Gabriel ins Leben gerufenen Kommission zur angeblichen »Stärkung von Investitionen in Deutschland« von 2015 lesen.

(Bettina Hagedorn, SPD: Lesen Sie doch einmal die Bundesrechnungshofberichte!)

Dort wurde zum ersten Mal eine privatrechtliche Infrastrukturgesellschaft gefordert. Dort wurde die eigentliche Absicht noch offenherzig ausgesprochen. Schauen Sie sich den Bericht einmal an. Dort steht: Die öffentliche Infrastruktur soll dem privaten Kapital geöffnet werden, um der Finanzbranche in Zeiten von Nullzinsen renditeträchtige Anlagen zu ermöglichen.

(Johannes Kahrs, SPD: Das findet doch gerade nicht statt, gnädige Frau!)

Genau das ist der Grund, warum wir heute diese fatalen Grundgesetzänderungen auf dem Tisch haben: Sie sollen das ermöglichen, was Herr Gabriel damals der Finanzbranche in die Hand versprochen hat.

(Beifall bei der LINKEN. Bettina Hagedorn, SPD: Absoluter Quatsch! – Lothar Binding, SPD Heidelberg: Die Linke hat die Konsequenz outgesourct, das ist das Problem!)

Es geht also gar nicht um eine bessere Infrastruktur, um mehr Investitionen. Es geht darum, Banken, Versicherungen und anderen

Großanlegern lukrative und zugleich risikofreie Anlagemöglichkeiten zu verschaffen. Offenbar sind Ihnen die Renditewünsche der Allianz und anderer Finanzkonzerne wichtiger als die Interessen der Bürgerinnen und Bürger. Einen anderen Schluss lässt das ja nicht zu.

(Beifall bei der LINKEN. Volker Kauder, CDU/CSU: Einen solchen Blödsinn habe ich selten gehört!)

Der Hintergrund ist, dass solche Unternehmen in diesem Land sehr viel Macht haben und dass sie Ihnen allen regelmäßig erkleckliche Summen an Spenden überweisen

(Widerspruch bei Abgeordneten der CDU/CSU und der SPD)

und seit längerem Druck machen, dass der Staat ihre Profite subventioniert.

(Beifall bei Abgeordneten der LINKEN)

Allianz-Chef Markus Faulhaber hat damals sogar genau beziffert, wie er sich das vorstellt. Der Allianz-Chef hat gesagt, der Steuerzahler solle seinem Finanzkonzern für das geliehene Geld 6,5 Prozentpunkte mehr bezahlen als den Zinssatz, den er für normale Bundesanleihen bekäme.

(Volker Kauder, CDU/CSU: Demagogie! – Johannes Kahrs, SPD: Keine Ahnung, aber davon viel!)

Ende April wurde übrigens berichtet, dass sich der Allianz-Konzern mit mehr als einer halben Milliarde Euro an einem italienischen Autobahnbetreiber beteiligt. Warum? Weil dieser Betreiber die Hälfte des italienischen Mautstraßennetzes unter seinen Fittichen hat

(Bettina Hagedorn, SPD: Genau das wird in Deutschland nicht passieren!)

und dieser Betrieb einen Gewinn von 2,4 Milliarden Euro abwirft. So eine Geldkuh, die man melken kann, hätte die Allianz gerne auch in Deutschland. Das vorliegende Gesetzespapier bringt sie diesem Ziel einen gewaltigen Schritt näher. Wir finden das eine Katastrophe.

(Beifall bei der LINKEN)

Dann wundern Sie sich,

(Carsten Schneider, SPD Erfurt: Über Ihre Rede wundern wir uns!)

wenn Sie solche Gesetze machen, dass es immer mehr Menschen gibt, die Politik für eine zutiefst korrupte Veranstaltung halten.

(Johannes Kahrs, SPD: Bei der Rede ist das kein Wunder!)

Es sind genau solche Entscheidungen wie die heutige, die das bewirken.

(Carsten Schneider, SPD Erfurt: Schämen Sie sich!)

Ich finde es deswegen wirklich erschreckend – nicht nur, wie Sie sich heute hier aufführen, das auch –, auf welchem Niveau dieses Land inzwischen regiert wird

(Beifall bei der LINKEN)

und in welchem Sumpf aus Lobbywirtschaft, billiger Trickserei und mutwilliger Täuschung der Öffentlichkeit sich deutsche Politik heute bewegt.

Aber noch haben Sie ja die Chance, insbesondere Sie, liebe Kolleginnen und Kollegen von der SPD. Wenn Sie noch einmal, ohne sich zu schämen, das Wort »soziale Gerechtigkeit« in den Mund nehmen wollen, dann verweigern Sie Ihre Stimme diesem zutiefst ungerechten Privatisierungsprojekt.

(Beifall bei der LINKEN. Johannes Kahrs, SPD: Wie peinlich kann man denn sein?)

Wenn Sie das heute durchwinken, dann können Sie Ihren Gerechtigkeitswahlkampf wirklich in die Tonne treten.

(Johannes Kahrs, SPD: Keine Ahnung, aber davon sehr viel!)

Hören Sie auf, die Leute zu belügen. Schließen Sie öffentlich-private Partnerschaften klipp und klar aus. Und knüpfen Sie das Paket auch im Bundesrat wieder auf,

(Johannes Kahrs, SPD: Das ist jetzt AfD-Niveau der Linken! Unterirdisch und peinlich!)

statt sich die Zustimmung der Länder mit einem Schmiergeld von 9 Milliarden Euro zu erkaufen

(Johannes Kahrs, SPD: Wir erwarten nicht viel von Ihnen, aber etwas Kompetenz wäre schon schön!)

oder – man könnte es auch so sagen: – zu erpressen, weil Sie den Ländern gar keine andere Chance geben, als zuzustimmen oder dagegen zu stimmen,

(Johannes Kahrs, SPD: AfD-Populismus ist das hier!)

weil Sie keine differenzierte Abstimmung möglich machen.

(Johannes Kahrs, SPD: Beatrix von Wagenknecht, das geht doch nicht!)

Die Bundestagsfraktion der Linken jedenfalls wird sich an diesem dreisten Griff in die Geldbeutel der Steuerzahlerinnen und Steuerzahler

(Johannes Kahrs, SPD: Unglaublich! Keine Ahnung!)

sowie der Autofahrerinnen und Autofahrer nicht beteiligen, und deshalb stimmen wir mit Nein.

(Beifall bei der LINKEN. Johannes Kahrs, SPD: Echt AfD-Niveau! So peinlich! Keine Ahnung!)

Rede von Sahra Wagenknecht in der Bundestagsdebatte am 01.06.2017 über die Grundgesetzänderung zur Ermöglichung der Autobahnprivatisierung

»Die Menschen wollen kein ›Weiter so‹ mehr«

Herr Präsident! Sehr geehrte Damen und Herren! Frau Bundeskanzlerin! Es ist schon verblüffend, wie Politik manchmal funktioniert.

(Lachen bei Abgeordneten der CDU/CSU)

– Ich weiß gar nicht, was Sie daran so lustig finden. – In Deutschland wachsen soziale Ungleichheit und Verunsicherung und mit ihnen die Zahl der Wählerstimmen der AfD.

(Manfred Grund, CDU/CSU: Gleich im ersten Satz! – Michael Grosse-Brömer, CDU/CSU: Kaufen Sie sich doch mal eine neue Platte! Die ist kaputt!)

In Europa ist die deutsche Regierung so isoliert wie lange nicht mehr.

(Manfred Grund, CDU/CSU: Der zweite Satz ist auch nicht besser!)

Als bevorzugten Partner hat sich die Kanzlerin ausgerechnet einen türkischen Diktator ausgesucht, der Journalisten und Oppositionelle ins Gefängnis werfen lässt und die Todesstrafe großartig findet.

(Zurufe von der CDU/CSU: Oh!)

Trotz allem scheint sich die CDU/CSU – das zeigt Ihre wunderbare Stimmung heute – auf ein Weiter-so mit dieser Kanzlerin, mit Frau Merkel, allen Ernstes zu freuen.

(Lebhafter Beifall bei der CDU/CSU)

Ich kann nur sagen: Die Menschen in diesem Land können sich darauf nicht freuen. Ich sage Ihnen deswegen auch: Dazu wird es nicht kommen.

(Beifall bei der LINKEN)

Angesichts Ihres Verhaltens fällt einem wirklich nur noch der Satz von Albert Einstein ein:

Die reinste Form des Wahnsinns ist es, alles beim Alten zu lassen und gleichzeitig zu hoffen, dass sich etwas ändert.

Am Ende ändert sich dann doch meistens etwas, aber vielleicht anders als erhofft.

(Volker Kauder, CDU/CSU: Bei Ihnen ändert sich gar nichts! Sie sind knallrot von oben bis unten! – Gegenruf der Abgeordneten Heike Hänsel, DIE LINKE: Ruhe da drüben!)

In den USA hat die Führung der Demokraten den Hoffnungsträger Bernie Sanders verhindert,

(Zurufe von der CDU/CSU: Oh!)

um dann mit einer Kandidatin des Establishments, die im Grunde all das verkörpert,

(Max Straubinger, CDU/CSU: Wir sind in Deutschland!)

was die Menschen an der Demokratie verzweifeln lässt, Donald Trump den Weg ins Weiße Haus zu ebnen. Das sollte nicht nur der SPD zu denken geben, sondern natürlich auch der CDU, die immerhin auch schon Kanzler hatte, die den Unterschied zwischen einer Demokratie und einer Oligarchie, einer Reichtumsherrschaft, noch ganz gut kannten.

(Beifall bei der LINKEN)

Wohlstand für alle, Frau Merkel – es wäre nett, wenn Sie mir zuhören könnten. Damit war anderes gemeint als die marktkonforme Verwaltung eines globalisierten Raubtierkapitalismus, der die Mittelschicht zerstört und diese Gesellschaft immer tiefer sozial spaltet.

(Beifall bei der LINKEN)

In der alten CDU übrigens wäre eine Situation, in der man sogar gemeinsam mit der SPD nicht einmal mehr die Hälfte der Wählerinnen und Wähler erreicht, noch komplett unvorstellbar gewesen.

(Ulli Nissen, SPD: Und was ist mit dem Wahlergebnis der Linken gewesen?)

Aber damals wusste auch die SPD noch, dass Arbeiterparteien nicht dafür gegründet worden waren, ihre Minister an zahlungskräftige Wirtschaftslobbyisten zu vermieten und denen dann die Wünsche von den Augen abzulesen,

(Beifall bei der LINKEN. Heike Hänsel, DIE LINKE: Das ist eine Blamage!)

mögen sie nun Senkung der Lohnkosten oder CETA heißen.

Und Sie machen weiter, als wäre nichts passiert. Als untrügliches Signal des großkoalitionären Weiter-so schlagen Sie uns jetzt also gemeinsam Frank-Walter Steinmeier für das Amt des nächsten Bundespräsidenten vor.

(Beifall bei Abgeordneten der CDU/CSU und der SPD)

Hätten wir mit der Kandidatur des profilierten Agenda-Kritikers Christoph Butterwegge nicht noch ein bisschen Frischluft in Ihren muffigen Konsens gebracht, dann hätten Sie die Bundesversammlung auch gleich ganz absagen können.

(Beifall bei der LINKEN. Michael Grosse-Brömer, CDU/CSU: Frischluft? Der Sozialismus von gestern!)

Es sind doch genau solche Wahlen, bei denen es nichts mehr zu entscheiden gibt, die die Menschen an der Demokratie verzweifeln lassen und

(Thomas Oppermann, SPD: Glauben Sie nicht an Ihren eigenen Kandidaten?)

die auch demokratische Entscheidungen zu einer Farce machen.

Als die Briten im Juni für den Ausstieg aus der EU votierten, waren Sie alle geschockt, um dann mit doppelter Energie das Konzernschutzabkommen CETA in der EU durchzuboxen. Klasse gemacht! Beim nächsten Exit-Referendum haben die Befürworter ein Argument mehr auf ihrer Seite.

(Beifall bei Abgeordneten der LINKEN)

Als vor zwei Wochen die US-Bürger für Trump statt für Ihre gemeinsame Favoritin Clinton stimmten, waren Sie wieder alle geschockt.

(Carsten Schneider, SPD Erfurt: Für wen waren Sie denn?)

Aber Ihre einzige Schlussfolgerung scheint zu sein, jetzt einen europäischen Hochrüstungswettlauf zu starten. Glauben Sie wirklich, das ist es, worauf die Millionen Abstiegsgefährdeten in Europa und die verlorene Generation in den Krisenländern gewartet haben? Offenbar hat selbst ein Donald Trump wirtschaftspolitisch mehr drauf als Sie.

(Lachen bei der CDU/CSU. Widerspruch bei der SPD. Zuruf von der SPD: Der neue Rassismus!)

Denn immerhin hat der Mann begriffen,

(Thomas Oppermann, SPD: Neuer Bündnispartner!)

dass staatliche Industriepolitik besser ist als billige Dienstleistungsjobs und dass gegen Krise und marode Infrastruktur nicht Kürzungspolitik hilft, sondern ein groß angelegtes öffentliches Investitionsprogramm.

(Beifall bei der LINKEN. Thomas Jurk, SPD: Vor 27 Jahren ist das in der DDR zusammengebrochen! – Thomas Oppermann, SPD: Sie haben jetzt den richtigen Partner gefunden!)

Weil schon die Ankündigung dieses Programms zu höheren Zinsen in den USA geführt hat, wird Europa unter Ihrer Führung wohl lieber mit seinem Geld neue Brücken und moderne Netze in den USA finanzieren, statt den Niedergang der europäischen Infrastruktur endlich zu stoppen und Industriearbeitsplätze auch in Frankreich und Italien zu verteidigen und zu retten. Aber merken Sie denn gar nicht, dass es genau diese fatale Politik ist, die Europa spaltet und immer mehr kaputtgehen lässt?

Sollte im nächsten Jahr tatsächlich Marine Le Pen französische Präsidentin werden, dann werden Sie wieder alle geschockt sein, und wahrscheinlich beklagen Sie dann wieder die Verführungsmacht geschickter Populisten und das Zeitalter des Postfaktischen. Aber wenn etwas postfaktisch ist, dann sind das nicht die Emotionen der Menschen, die sich von Ihrer Politik im Stich gelassen fühlen, sondern die Lügenmärchen, die Sie ihnen erzählen, um zu begründen, dass diese Politik angeblich alternativlos ist.

(Beifall bei der LINKEN)

Ist es denn wirklich so schwer zu verstehen? Die US-Bürger haben doch gar nicht in erster Linie den Milliardär Donald Trump gewählt.

(Michael Grosse-Brömer, CDU/CSU: Was Sie alles wissen!)

Sie haben das Weiter-so abgewählt, und dafür hatten sie in einem Land, wo die mittleren Löhne heute unter dem Niveau der 80er Jahre liegen, natürlich allen Grund.

(Michael Grosse-Brömer, CDU/CSU: Genau! Sie haben eine enge Beziehung zu den USA, oder?)

Auch in Deutschland haben immer mehr Menschen gute Gründe, enttäuscht und wütend zu sein: über eine großkoalitionäre Einheitspolitik, die sich für ihre elementaren Lebensinteressen und Zukunftsängste überhaupt nicht mehr interessiert,

(Thomas Jurk, SPD: Das stimmt doch gar nicht! Das ist Quatsch!)

sondern gleichgültig und emotionslos immer wieder Entscheidungen fällt, die die Reichen noch reicher, die Konzerne noch unverschämter und das Leben der arbeitenden Mitte und der Ärmeren noch unsicherer und prekärer machen. Ich finde, eine solche Politik ist unglaublich, und sie ist verantwortungslos.

(Beifall bei der LINKEN)

Gucken Sie sich doch an, wie sich dieses Land in den letzten 20 Jahren verändert hat! Trotz boomender Exportwirtschaft und trotz Wirtschaftswachstum lebt heute in Deutschland jeder sechste Rentner in Armut und muss sich um seine Lebensleistung betrogen fühlen.

(Michael Grosse-Brömer, CDU/CSU: 2,5 Prozent der Rentner kriegen Grundsicherung! Informieren Sie sich doch mal! So ein

Unsinn, den Sie hier erzählen! – Volker Kauder, CDU/CSU: So viel zu Rot-Rot-Grün!)

Immer mehr Kinder beginnen ihr Leben mit der Grunderfahrung, dass sie von der schönen bunten Welt ausgeschlossen sind und dass ihnen das Leben viel weniger bieten wird als anderen. Millionen Arbeitnehmer werden in Leiharbeit, Werkverträgen und Dauerbefristungen zu Beschäftigten zweiter Klasse degradiert. Diejenigen, deren Löhne kein Tarifvertrag mehr regelt – das ist inzwischen jeder zweite –, verdienen heute 18 Prozent weniger als im Jahr 2000. Diesen Menschen erzählen Sie, Deutschland gehe es gut, und sie sollen sich freuen über Ihre erfolgreiche Politik. Das ist doch der blanke Hohn, was Sie da machen.

(Beifall bei der LINKEN)

Sie erzählen ihnen, die Agenda 2010 habe ein Jobwunder ausgelöst. Ja, wir hatten in Deutschland einmal 5 Millionen Arbeitslose. Heute bekommen nur noch 800 000 Menschen Arbeitslosengeld I. Aber dafür gibt es 4,3 Millionen erwerbsfähige Hartz-IV-Empfänger, die alle arbeiten möchten, teilweise sogar Arbeit haben, teilweise sogar Vollzeit arbeiten und trotzdem von staatlichen Lohnersatzleistungen abhängig bleiben. Das macht in der Summe noch immer 5,1 Millionen Menschen. Was ist das denn für ein Fortschritt?

(Beifall bei der LINKEN)

Die CDU einschließlich der Kanzlerin sollte aufhören, die Agenda 2010 als Erfolgsmodell zu preisen, und sollte endlich wieder ein humanes Arbeitsrecht in Deutschland durchsetzen, wenn sie einen deutschen Donald Trump verhindern will.

(Beifall bei der LINKEN)

Diesen weisen Satz hat Ihnen in der letzten Woche Ihr ehemaliger Generalsekretär Heiner Geißler zugerufen. Wenn diese Mahnung schon bei der CDU/CSU auf taube Ohren stößt: Müssen Sie, liebe Kolleginnen und Kollegen von der SPD, nicht zumindest in Ihren Stühlen versinken, wenn Sie merken, dass ein ehemaliger CDU-Generalsekretär, der sich treu geblieben ist, inzwischen weit links von Ihnen steht? Gleichen Lohn für gleiche Arbeit hat die SPD bei der letzten Wahl versprochen. Und was haben Sie gemacht? Ein Gesetz, das es Daimler, BMW und Co. in Zukunft sogar erleichtert, reguläre Jobs dauerhaft durch Leiharbeit zu ersetzen oder an Werkvertragsunternehmen auszulagern. Das ist doch schäbig. Ihnen glaubt doch niemand irgendetwas, wenn Sie solche Politik machen.

(Beifall bei der LINKEN)

Wie viele selbst von denjenigen in Deutschland, die sich all das noch leisten können, was für andere bereits zum unerschwinglichen Luxus geworden ist – eine gute Ausbildung der Kinder, private Vorsorge für das Alter, Urlaubsreisen, Wohneigentum –, leben in der ständigen Angst, nach der nächsten Betriebsverlagerung auch zu den Verlierern zu gehören oder eiskalt aussortiert zu werden, wenn sie krank werden oder wenn sie nicht mehr ständig Höchstleistungen erbringen können? Der American Dream ist längst auch bei uns ausgeträumt. Wer außerhalb der Oberschicht glaubt denn heute noch, dass es den Kindern einmal besser gehen wird als ihren Eltern? Die meisten erleben das Gegenteil. Das ist nicht Ergebnis einer Naturgewalt namens Globalisierung, sondern Ergebnis politischer Entscheidungen.

Auch Ihre Legende, rabiate Rentenkürzungen seien notwendig, um die junge Generation vor zu hohen Belastungen zu bewahren, passt bestens in das Zeitalter des Postfaktischen.

(Beifall bei der LINKEN)

Rechnen wir doch einmal nach. Der aktuelle Beitragssatz in der gesetzlichen Rentenversicherung liegt bei 18,7 Prozent, hälftig gezahlt von Unternehmen und Beschäftigten. Zusätzlich sollen die Beschäftigten vier Prozent ihres Einkommens in einen jener sinnlosen Riester-Verträge versenken, von denen inzwischen jeder weiß, dass sie nur Banken und Versicherungen reich machen. Aber wer glaubte, die Maschmeyer-Kumpel Schröder und Riester seien schon der Tiefpunkt gewesen, dem beweist Frau Nahles, dass es noch schlimmer geht.

(Carsten Schneider, SPD Erfurt: Die Gewerkschaften finden das gut! Reden Sie mal mit denen!)

Ich rede von Ihren Plänen für eine sogenannte Betriebsrente, die genauso wie die Riester-Rente allein von den Beschäftigten gezahlt werden soll und die sich von den unsäglichen Riester-Produkten eigentlich nur in einem einzigen Punkt unterscheidet: Bei Riester mussten die Anbieter zumindest noch den Erhalt der eingezahlten Beiträge garantieren. Die Betriebsrente subventioniert der Staat auch dann, wenn das volle Verlustrisiko auf den künftigen Rentner abgewälzt wird.

Wenn wir zusammenzählen, dann laufen die Rentenpläne der Großen Koalition darauf hinaus, dass Arbeitnehmer in Zukunft bis zu 20 Prozent ihres Einkommens für die Altersvorsorge aufwenden sollen, um damit Rentenansprüche zu erwerben, die sich, anders als die Umlagerente, bei der nächsten großen Finanzkrise in heiße Luft auflösen können. Das dann noch als Entlastung der jungen Generation zu verkaufen – darauf muss man wirklich erst einmal kommen.

(Beifall bei der LINKEN)

Dabei brauchen Sie nur über die Bayerischen Alpen hinauszuschauen, um zu sehen, wie es vielleicht besser geht und wie man eine Rentenreform vernünftig machen kann. Nachdem in Österreich Rentenkürzungen à la Riester am Widerstand der Gewerkschaften gescheitert sind,

(Beifall bei Abgeordneten der LINKEN)

hat man eben die gesetzliche Rente zukunftsfest gemacht. Das heißt, es gibt heute einen einheitlichen Topf, in den alle einzahlen, auch Selbständige und Beamte. Der Beitragssatz liegt bei 22,8 Prozent, allerdings zahlen die Unternehmen mehr als die Beschäftigten. Dieses System finanziert für langjährig Versicherte Renten von 1 800 Euro im Monat; die Mindestrente beträgt 1 030 Euro.

Und Sie muten Menschen, die ihr Leben lang hart gearbeitet haben, Armutsrenten von 1 000 Euro und weniger zu. Das sind 800 Euro weniger als in Österreich. Das ist doch unglaublich. Stoppen Sie endlich diese verantwortungslose Rentenpolitik, die millionenfache Altersarmut produziert!

(Beifall bei der LINKEN)

Bei der Krankenversicherung ist es genau das Gleiche. Seit Ende der hälftigen Finanzierung steigt der Zusatzbeitrag der Arbeitnehmer. Er steigt auch deshalb, weil der Pauschalbeitrag, den der Bund an die Kassen für Hartz-IV-Bezieher überweist, die realen Kosten nicht deckt. Das heißt, je mehr Hartz-IV-Empfänger – Sie wissen, dass die meisten Flüchtlinge ab dem nächsten Jahr Hartz IV bekommen werden –, desto teurer wird es für den Postzusteller und die Aldi-Kassiererin, während der privat versicherte Chef von ihnen und natürlich auch die Konzerne, bei denen sie arbeiten, von der Finanzierung von solchen gesellschaftlichen Aufgaben komplett verschont werden. Das ist doch ein Skandal. Wenn man sich diese Politik anschaut, dann muss man fast schon den Verdacht haben, dass Sie einen geheimen Werbevertrag mit der AfD abgeschlossen haben. Es ist doch unglaublich, was Sie machen.

(Beifall bei der LINKEN. Sören Bartol, SPD: Postboten gegen Flüchtlinge ausspielen, das ist doch widerlich!)

Es ging also bei den Krankenkassen wie bei der Zerschlagung der Rente nie um etwas anderes als um die Senkung der Lohnkosten und die Steigerung der Unternehmensgewinne. Von wegen, mit den Gewinnen steigen auch die Investitionen. Wissen Sie, wie hoch die Reinvestitionsquote deutscher Industrieunternehmen im Inland heute ist? fünf Prozent. Das heißt, 95 Prozent der Gewinne, die sie durch Ihre Politik so erfolgreich erhöht haben, werden an die Eigentümer ausgeschüttet, in Finanzanlagen geparkt oder eben für Investitionen im Ausland genutzt. Trotzdem verzichten Sie bis heute darauf, wieder einen größeren Teil der Unternehmensgewinne zur Finanzierung des Sozialstaates heranzuziehen. Wir halten das für völlig unverantwortlich.

(Beifall bei der LINKEN)

Aus allen wichtigen Bereichen, in denen er früher dem Leben der Menschen Stabilität und Sicherheit gegeben hat, hat sich der Staat zurückgezogen. Nicht nur die Sozialversicherungen wurden demoliert, auch kommunale Wohnungen wurden privaten Renditejägern auf dem Silbertablett serviert, genau wie Krankenhäuser und Pflegeeinrichtungen. Weil es sich nicht rechnet, fährt zu kleinen Orten kein Bus mehr, und der nächste Arzt ist meilenweit entfernt.

Auch der jahrelange Personalabbau bei der Polizei hat ganze Wohnviertel zu nächtlichen No-go-Areas gemacht. In den baufälligen Schulen dieser Viertel werden von überlasteten Lehrern auch nicht die hochqualifizierten Fachkräfte der Zukunft ausgebildet, sondern junge Menschen, von denen viele im Leben nie eine Chance bekommen werden, weil das chronisch unterfinanzierte Bildungssystem dieses reichen Landes noch nicht einmal in der

Lage ist, ihnen elementare Lese-, Schreib- und Rechenfähigkeiten beizubringen. 21 Milliarden Euro weniger als der Durchschnitt der OECD-Staaten gibt Deutschland jährlich für seine Schulen und Universitäten aus. Was für ein Armutszeugnis, Frau Merkel!

(Beifall bei der LINKEN. Sabine Weiss, CDU/CSU Wesel I: Unerträglich!)

Sagen Sie jetzt nicht: Bildung ist doch Ländersache. Es ist Ihr steuerpolitisches Wohlfühlprogramm für Konzerne und Superreiche, das die Verantwortung dafür trägt, dass viele Länder und Kommunen ihre Aufgaben überhaupt nicht mehr erfüllen können. Sie feiern sich für Ihre schwarze Null. – Wissen Sie überhaupt, wie die Realität in vielen armen Städten und Gemeinden dieses Landes aussieht?

(Max Straubinger, CDU/CSU: Es wäre gut, wenn Sie die Realität mal aufnehmen würden!)

Dort hat Ihre Kombination aus staatlicher Reichtumspflege und »Wir schaffen das!« dramatische Folgen. Wegen der zusätzlichen Aufgaben ist die Verschuldung vieler Städte und Gemeinden im letzten Jahr weiter gewachsen, gerade auch in Nordrhein-Westfalen.

(Sabine Weiss (Wesel I), CDU/CSU: Nordrhein-Westfalen! Rot-Grün!

Überschuldete Gemeinden können ihren Bürgern immer weniger bieten: keine ordentlichen Kitas, keine Bibliothek, kein Zuschuss zum Kulturverein oder auch zum Sportverein. In Gelsenkirchen, wo 40 Prozent aller Kinder in Hartz-IV-Familien aufwachsen, werden gerade mehrere Schwimmbäder geschlossen. Im überschuldeten Duisburg muss in den nächsten Jahren jede achte Stelle gestrichen werden, also noch weniger Erzieherinnen, noch weniger Personal an Krankenhäusern.

Ihre tollkühnen Privatisierungspläne gehen immer weiter. Jetzt sollen sogar die Autobahnen, die die Menschen mit ihren Steuern bezahlt haben, über sogenannte öffentlich-private Partnerschaften an Finanzinvestoren verscherbelt werden. Sind Sie denn von allen guten Geistern verlassen?

(Beifall bei der LINKEN)

»Der einfache Bürger kämpft um das Überleben,

(Widerspruch bei Abgeordneten der CDU/CSU und der SPD)

während die Profiteure, die reiche Oberschicht, sich nicht um uns kümmern«,

(Thomas Oppermann, SPD: Sagen Sie mal was über die Eliten!)

schrieb mir vor kurzem eine 31-jährige Hochschulabsolventin, die heute bei Air Berlin als Flugbegleiterin arbeitet und selbst um diesen Job jetzt bangen muss.

(Sabine Weiss (Wesel I), CDU/CSU: Sie sollten aufhören, dieses Land schlechtzureden!)

»Wo ist denn die Lebensqualität geblieben, die jedem Menschen zusteht?«, fragt sie in ihrer Mail. »Anstatt das Leben zu genießen, ist man ständig darauf bedacht, seine Arbeit nicht zu verlieren, denn in diesem heutigen Deutschland gibt es keine Garantien und keine Sicherheiten mehr.« So weit eine junge, 31-jährige Frau, die ein Hochschulstudium absolviert hat.

Ein mittelständischer Unternehmer schildert mir in einer Mail, wie ihm große Konzerne unter Ausnutzung ihrer Marktmacht die Luft zum Atmen nehmen. Er schreibt: »Als Kind italienischer Einwanderer bin ich hier geboren und aufgewachsen, habe also Deutschland in einer Zeit erlebt, als noch alles möglich war mit ehrlicher Arbeit. Heute ist das anders.

(Michael Grosse-Brömer, CDU/CSU: Mein Gott! Tante Sahras Märchenstunde!)

In einem konzerngesteuerten Land, wie wir es heute haben, gibt es keine Demokratie.«

(Zurufe von der CDU/CSU: Oh!)

– Das ist das Zitat aus der Mail eines Bürgers. Ich muss sagen: Wie Sie reagieren, wenn man hier Stimmen von Bürgerinnen und Bürgern vorträgt, das zeigt die ganze Arroganz Ihrer Politik.

(Beifall bei der LINKEN)

Da müssen Sie sich nicht wundern, dass Ihnen immer die Wähler weglaufen.

Ich muss auch sagen: Wie erklären Sie einem ums Überleben kämpfenden Mittelständler, dass er für jeden Euro Gewinn mindestens 30 Prozent Steuern zahlen muss,

(Max Straubinger, CDU/CSU: Bei euch müsste er 50 Prozent Steuern zahlen!)

während Konzerne wie Google, Apple und Facebook in Europa mit Steuersätzen von 0,005 Prozent verwöhnt werden? Oder wie erklären Sie einem hart arbeitenden Beschäftigten, dass schon ab einem Einkommen von 1 140 Euro ein Steuersatz von 24 Prozent fällig wird, während es die schwerreichen Erben von Milliardenvermögen nach Auffassung der Großen Koalition offenbar komplett überfordern würde, auch nur einen einzigen Euro Erbschaftssteuer zu zahlen?

(Sabine Weiss (Wesel I), CDU/CSU: Das stimmt doch alles gar nicht!)

Oder wie erklären Sie es einem Kleinsparer, der sein mühsam Erspartes durch Bankgebühren und Niedrigzinsen wegschmelzen sieht, dass das Vermögen der 500 Reichsten in Deutschland jedes Jahr um neun bis zehn Prozent steigt und inzwischen den irren Betrag von 723 Milliarden Euro erreicht hat? Oder wie erklären Sie einer alleinerziehenden Hartz-IV-Empfängerin, dass von ihr bei sogenanntem sozialwidrigem Verhalten – das liegt schon vor, wenn sie ein kleines Geldgeschenk für ihr Kind nicht angemeldet hat – neuerdings drei Jahre rückwirkend alle Leistungen zurückgefordert werden können, während zum Beispiel das Management der Deutschen Bank, das allein seit 2009 Boni in Höhe von 24 Milliarden Euro eingestrichen hat, nie Gefahr läuft, auch nur einen Euro zurückgeben zu müssen, egal wie sozialwidrig oder auch kriminell das Geschäftsmodell dieser Bank ist oder ob sie dadurch irgendwann wieder in so viele Schwierigkeiten kommt, dass sie beim Staat wieder die Hand aufhalten muss? Sie können das alles gar nicht erklären, weil es dafür keine objektiven Gründe gibt. Die einzige Erklärung ist Ihr fehlender Mut, sich mit den wirtschaftlich Mächtigen anzulegen.

(Beifall bei der LINKEN)

Natürlich ist das alles nicht alternativlos. Natürlich kann man auch die Riesenvermögen der Multimillionäre besteuern, statt Städte und Gemeinden am langen Arm verhungern zu lassen. Natürlich kann man Patent- und Lizenzgebühren, die nur dazu dienen, Konzerngewinne in Steueroasen zu verschieben, einfach nicht mehr als gewinnmindernd anerkennen, und dann sind die ganzen Steuertricks der Multis erledigt. Das können Sie hier in Deutschland beschließen. Dafür brauchen Sie noch nicht einmal die EU.

(Beifall bei der LINKEN)

Natürlich kann man den Sozialstaat wiederherstellen und ein ordentliches Arbeitsrecht schaffen, das die Beschäftigten schützt und die Verhandlungsmacht der Gewerkschaften stärkt. Natürlich kann man schlicht politisches Rückgrat haben und sich den eiskalten Renditekalkülen globaler Konzerne entgegenstellen, statt ihnen die Beschäftigten schutzlos und wehrlos auszuliefern.

Aber wer das alles nicht tut, der sollte dann auch aufhören, sich den Trumps und Le Pens dieser Welt moralisch überlegen zu fühlen.

(Beifall bei der LINKEN)

Das sind Sie nicht.

(Michael Grosse-Brömer, CDU/CSU: Ihre Rede fördert die! Unfassbar! Populisten unter sich!)

Denn es ist Ihre gemeinsame Politik, die die Rechte inzwischen auch in Deutschland starkgemacht hat.

Sie, Frau Bundeskanzlerin, haben Herrn Trump nach seiner Wahl zur Anerkennung von Demokratie, Freiheit und Respekt vor dem Recht und der Würde des Menschen aufgefordert. Ganz abgesehen davon, dass wir uns ähnlich deutliche Worte an die Adresse Ihres türkischen Freundes Erdogan auch einmal gewünscht hätten:

(Beifall bei der LINKEN)

Bedurfte es wirklich eines Donald Trump, um zu verstehen, dass es um Demokratie, Freiheit und Menschenwürde in der westlichen Welt nicht mehr gut bestellt ist?

Der frühere US-Präsident Jimmy Carter hat die USA schon vor Jahren eine »Oligarchie mit unbegrenzter politischer Korruption« genannt. Dass eine Supermacht, die mit ihren völkerrechtswidrigen Ölkriegen und ihren Drohnenmorden ganze Regionen dieser Welt chaotisiert und islamistische Terrorbanden damit so gestärkt hat, dass die als Vorkämpferin für Demokratie und Freiheit ausfällt, das hätte man, glaube ich, auch vor Trump schon begreifen können.

(Beifall bei der LINKEN)

Aber der entfesselte Globalkapitalismus ist überall mit Demokratie und Menschenwürde unvereinbar, auch in Europa. Auch die Kriege, an denen sich europäische Staaten beteiligt haben, haben noch keinem Land Demokratie und Freiheit gebracht. Im Gegenteil, sie haben Hunderttausenden Zivilisten den Tod gebracht und Millionen aus ihrer Heimat vertrieben.

Es war wirklich ein Fortschritt, als mit Blick auf die russischen Bombardements in Aleppo plötzlich sogar die Bundesregierung anfing, von den Verbrechen des Krieges, von zerstörten Krankenhäusern und Schulen zu sprechen. Aber was ist mit all den zerstörten Krankenhäusern und Schulen dort, wo sich Deutschland und seine Verbündeten an Kriegen beteiligt haben? Glauben Sie wirklich, dass es für das von einer Bombe zerfetzte Kind einen Unterschied macht, ob diese Bombe von einem russischen Flieger oder im Namen der westlichen Wertegemeinschaft abgeworfen wurde? Wir glauben das nicht.

(Beifall bei der LINKEN)

Deshalb fordern wir Sie auf: Geben Sie nicht noch mehr Geld für Rüstung aus. Bereiten Sie nicht noch mehr Krieg vor, sondern treten Sie aus der militärischen Infrastruktur der US-dominierten NATO aus und holen Sie die Bundeswehr aus ihren Einsätzen zurück.

(Beifall bei der LINKEN)

Deutschland wird nicht in Afghanistan, nicht in Syrien und auch nicht in Mali verteidigt. All diese Kriege haben den islamistischen Terror doch nur gestärkt und ihn letztlich sogar nach Deutschland geholt. Ein Ende dieser Kriegsbeteiligungen wäre wirklich das Beste, was Sie für die Sicherheit der Menschen, auch hier im Land, tun könnten.

(Beifall bei der LINKEN)

Ein Wort noch zur CSU. Die CSU hat auf ihrem letzten Parteitag den erfrischenden Vorschlag gemacht, dass man den radikalisierten politischen Islam bekämpfen sollte. Auch wir finden es überfällig, dass dschihadistische Rekrutierungsvereine in Deutschland endlich verboten werden. Aber wo hat denn der politische Islam seine wichtigste Basis? Das sind doch die islamistischen Kopf-ab-Diktaturen am Golf, die terroristische Mörderbanden weltweit finanzieren und hochrüsten. Es ist nach eigenen Erkenntnissen der Bundesregierung auch die Türkei, die eine Schlüsselrolle bei der Organisierung und Bewaffnung von Terrormilizen spielt. Da finden wir es schon erstaunlich, dass es die christlich-sozialen Antiislamkämpfer aus Bayern offenbar überhaupt nicht stört, dass ausgerechnet die Türkei im ersten Halbjahr 2016 von Platz 25 auf Platz 8 der Bestimmungsländer deutscher Rüstungsexporte hochgerückt ist und dass auch Saudi-Arabien und Katar heute mit mehr deutschen Waffen beliefert werden als je zuvor. Was ist denn das für eine wahnwitzige Politik?

(Beifall bei der LINKEN)

Da muss ich Ihnen sagen: Wenn Sie den politischen Islam bekämpfen wollen – hier ist ein lohnendes Betätigungsfeld –, dann setzen Sie sich endlich gemeinsam mit uns dafür ein, Rüstungsexporte in islamistische Diktaturen sowie in Kriegs- und Spannungsgebiete zu verbieten. Das wäre überfällig. Damit würden Sie sich tatsächlich darum verdient machen.

(Beifall bei der LINKEN)

In seinem Buch *Rückkehr nach Reims* schreibt der französische Schriftsteller Didier Eribon über die Ursachen für den Aufstieg der französischen Rechten etwas, was sich meines Erachtens eins zu eins auf Deutschland übertragen lässt. Ich zitiere ihn:

»So widersprüchlich es klingen mag, bin ich mir doch sicher, dass man die Zustimmung zum Front National ... als eine Art politische Notwehr der unteren Schichten interpretieren muss. Sie versuchten, ihre kollektive Identität zu verteidigen oder jedenfalls eine Würde, die seit je mit Füßen getreten worden ist und ... sogar von denen missachtet wurde, die sie zuvor repräsentiert und verteidigt hatten.«

(Dr. Peter Tauber, CDU/CSU: Klingt wie einer von der AfD!)

Wenn Sie Eribon in die Nähe der AfD rücken, beweisen Sie damit wirklich Ihr Bildungsniveau, es tut mir leid. Das ist wirklich unglaublich.

(Beifall bei der LINKEN. Max Straubinger, CDU/CSU: Das, was Sie vorlesen! Schlecht vorgelesen!)

Sehr geehrte Damen und Herren, auch bei uns wird die Demokratie nur eine Zukunft haben, wenn die Menschen wieder das Gefühl bekommen, dass ihre Würde und ihre elementaren Lebensbedürfnisse von der Politik geachtet und anerkannt werden und sie wichtiger sind als die Wunschlisten irgendwelcher Wirtschaftslobbyisten. Nehmen Sie das endlich ernst, wenn Sie nicht irgendwann dafür verantwortlich sein wollen, einem deutschen Donald Trump den Weg ins Kanzleramt geebnet zu haben.

(Lebhafter Beifall bei der LINKEN. Thomas Oppermann, SPD: Da arbeiten Sie doch dran! – Sabine Weiss (Wesel I), CDU/CSU: Eigentlich fast traurig!)

Die Menschen wollen kein ›Weiter so‹ mehr.

Rede von Sahra Wagenknecht in der Haushaltsdebatte des Bundestages am 23.11.2016

Erbschaftssteuerreform ist eine Kapitulation vor der Macht steinreicher Firmenerben

Herr Präsident! Werte Kolleginnen und Kollegen! Ich muss wirklich noch einmal sagen: Ich finde es ungeheuerlich,

(Volker Kauder, CDU/CSU: Jawohl!)

dass Sie ein derart grundlegendes und möglicherweise erneut verfassungswidriges Gesetz hier im Eilverfahren und noch dazu heute im Schatten einer solchen Abstimmung wie der in Großbritannien gestern durchpeitschen wollen.

(Christine Lambrecht, SPD: Wo ist denn hier Schatten? – Michael Grosse-Brömer, CDU/CSU: Ich habe es vorhergesagt!)

Ich finde, das ist völlig unangemessen und genau die Politik, die die Leute abstößt. Machen Sie so weiter, dann machen Sie alles kaputt.

(Beifall bei der LINKEN und dem BÜNDNIS 90/DIE GRÜNEN)

Natürlich geht es bei der Erbschaftssteuer um die Frage: In welcher Gesellschaft wollen wir leben? Zwei Ökonomen der italienischen Notenbank haben kürzlich die Liste der Steuerzahler der Stadt Florenz aus dem Jahr 2011 mit der aus dem Jahr 1427 verglichen. Das erstaunliche Ergebnis war: Die reichsten und einflussreichsten Familien der Stadt waren immer noch die gleichen wie vor fast 600 Jahren. Die gleichen Studien gibt es auch für Großbritannien. Auch für Deutschland lassen sich solche Kontinuitäten mindestens bis ins 19. Jahrhundert zurückverfolgen. An der Spitze der Einkommens- und Vermögenspyramide hatten wir nie eine Leistungsgesellschaft. Da hatten und haben wir eine Erbengesellschaft mit langen, generationenübergreifenden Familiendynastien, die sich von dem alten Feudaladel nur dadurch unterscheiden, dass ihre Vermögen noch um einiges größer sind.

(Beifall bei der LINKEN sowie bei Abgeordneten des BÜNDNISSES 90/DIE GRÜNEN)

Um genau diese Vermögen geht es überwiegend, wenn wir über Betriebsvermögen reden. Über 90 Prozent des Betriebsvermögens in Deutschland befindet sich in den Händen der reichsten zehn Prozent aller Familien. Den Löwenanteil hat das reichste eine Prozent. Ein gutes Zehntel aus jeder Generation erbt mehr, als die untere Hälfte der Bevölkerung im ganzen langen Arbeitsleben verdienen kann. Das heißt, wer reich geboren wird, bleibt reich. Wer arm geboren wird, der hat mit großer Wahrscheinlichkeit auch in Armut zu sterben. Das sind die gesellschaftlichen Realitäten in Deutschland zu Beginn des 21. Jahrhunderts. Wir finden das unerträglich.

(Beifall bei der LINKEN sowie bei Abgeordneten des BÜNDNISSES 90/DIE GRÜNEN)

Als der Liberalismus noch eine lebendige Strömung in der Tradition der Aufklärung war, gehörte der Kampf gegen erbliche Vorrechte zum liberalen Markenkern. Der große Liberale John Stuart Mill forderte explizit, »eine stark belastende Steuer auf jede Erbschaft« zu legen, die einen moderaten Betrag übersteigt. Auch der Ordoliberale Alexander Rüstow attackierte das, was er das »feudal-plutokratische« Erbrecht nannte, das nach seiner Auffassung die Marktwirtschaft zur »Plutokratie, zur Reichtumsherrschaft« verkommen lässt. Ich finde es wirklich traurig, dass solche Traditionen in der heutigen Union keine Heimat und nicht den geringsten Rückhalt mehr haben.

(Beifall bei der LINKEN sowie bei Abgeordneten des BÜNDNISSES 90/DIE GRÜNEN)

In all diesen Fällen kann der Fiskus sich tatsächlich zurückhalten. Aber die Realität ist: Das tut er gar nicht.

Wer zum Beispiel von seinen Eltern ein Haus im Wert von einer Million Euro erbt – das sind in Städten wie München oder Düsseldorf keine prunkvollen Villen –, bei dem werden 90 000 Euro Erbschaftssteuer fällig, keine Kleinigkeit.

(Carsten Schneider, SPD Erfurt: Das ist doch okay bei 1 Million! – Dr. h. c. Hans Michelbach, CDU/CSU: Der sichert doch keine Arbeitsplätze!)

Wer dagegen ein Unternehmen im Wert von 25 Millionen Euro erbt, der zahlt keinen einzigen Euro Erbschaftssteuer.

(Dr. h. c. Hans Michelbach, CDU/CSU: Seine Beschäftigten muss er bezahlen! Seine Mitarbeiter muss er bezahlen!)

Selbst für Unternehmen mit einem Wert im dreistelligen Millionen- oder sogar im Milliardenbereich sind so viele Ausnahmen und Sonderregelungen im neuen Gesetz versteckt, dass selbst Sprösslinge aus Familien, die man in Russland oder in Griechenland als Oligarchen bezeichnen würde, gute Chancen haben, ihr Erbe anzutreten, ohne der Allgemeinheit irgendeinen relevanten Beitrag zu zahlen. Ich finde, das ist ein Skandal.

(Beifall bei der LINKEN sowie bei Abgeordneten des BÜNDNISSES 90/DIE GRÜNEN)

Ich weiß auch nicht, wie Sie das mit dem Gleichheitsgrundsatz des Grundgesetzes vereinbaren wollen. Ich finde, das Gesetz ist auch eine ziemliche Unverschämtheit gegenüber dem Verfassungsgericht – um das auch deutlich zu sagen –, denn es hat genau diese Gleichbehandlung eingefordert.

Insgesamt 300 bis 400 Milliarden Euro, und zwar überwiegend Großvermögen jenseits der Milliardenschwelle, werden Jahr für Jahr von einer Generation zur nächsten weitergereicht. Trotzdem haben Sie die Erbschaftssteuer zu einer Bagatellsteuer verkommen lassen, die weniger als ein Prozent zum gesamten Steueraufkommen beiträgt. Das war vor der Reform so, und das wird nach der Reform so bleiben.

(Dr. h. c. Hans Michelbach, CDU/CSU: Das ist auch gut so!)

Ich finde, das ist der eigentliche Skandal.

(Beifall bei der LINKEN sowie bei Abgeordneten des BÜNDNISSES 90/DIE GRÜNEN)

Diese zartfühlende Rücksichtnahme, mit der in der Erbschaftssteuerdebatte immer wieder vor Überbelastungen gewarnt wird – wohlgemerkt, wir reden hier von Multimillionären –, hätte ich mir einmal gewünscht, wenn es um die Belastung normaler Arbeitnehmer geht. Welche Verschonungsregeln haben Sie etwa für Kinder von armen Eltern, wenn diese im Alter ins Pflegeheim müssen? Ab einem Einkommen von gut 3 000 Euro pro Haushalt verlangt das Sozialamt von jedem verdienten Euro 50 Cent für die Pflege der Eltern, ohne Verschonungsregeln.

Jetzt kommen Sie mir nicht mit der angeblichen Gefährdung von Arbeitsplätzen. Selbst der Wissenschaftliche Beirat beim Bundesministerium der Finanzen hat festgestellt, dass es wenige Hinweise darauf gibt, dass die steuerliche Schonung von Betriebsvermögen Arbeitsplätze sichert. Dass immer mehr Unternehmen an

Finanzinvestoren und Konzerne verkauft werden, hat mehr damit zu tun, dass geeignete Nachfolger fehlen, und es hat natürlich auch mit Herrn Draghis Billiggeld und dem dadurch ausgelösten Übernahmefieber zu tun.

(Carsten Schneider, SPD Erfurt: So, jetzt kommt die AfD-Rhetorik!)

Aber bis heute gibt es keinen einzigen dokumentierten Fall eines Unternehmens, das aufgrund der Zahlung von Erbschaftssteuer pleitegegangen wäre.

(Beifall bei der LINKEN)

8 000 Millionen Euro Mehreinnahmen im Jahr wären zu erwarten, wenn einfach nur die aktuellen, relativ niedrigen Sätze auch auf große Betriebsvermögen angewandt würden. Aber durch Ihre tolle Reform sollen sich die Einnahmen gerade mal um lächerliche 235 Millionen Euro erhöhen. Selbst das ist fraglich: Experten, wie etwa Norbert Walter-Borjans, der NRW-Finanzminister,

(Lachen bei Abgeordneten der CDU/CSU)

fürchten sogar zusätzliche Steuerausfälle. Ich finde, das ist doch wirklich ein Hohn. Verdammt noch mal, muss das nicht Ihnen von der SPD zu denken geben, was Sie hier heute für ein Gesetz durchwinken? Das ist doch unglaublich.

(Beifall bei der LINKEN und dem BÜNDNIS 90/DIE GRÜNEN)

Mit acht Milliarden Euro Mehreinnahmen wäre es übrigens kein Problem, die Zuzahlungen der Kinder für Eltern im Pflegeheim komplett abzuschaffen und natürlich auch die personelle Ausstattung der Heime deutlich zu verbessern. Aber so etwas kommt Ihnen leider offenbar gar nicht in den Sinn.

(Carsten Schneider, SPD Erfurt: Zur Sache!)

Liebe Kolleginnen und Kollegen der SPD,

(Carsten Schneider, SPD Erfurt: Oh ja!)

wer soll denn Ihre Politik noch nachvollziehen können?

(Carsten Schneider, SPD Erfurt: Sie nicht! Das ist mir klar! – Volker Kauder, CDU/CSU: Sie brauchen's nicht!)

An einem Tag ruft Ihr Vorsitzender den linken Bündnisfall zur Rettung des Landes aus,

(Carsten Schneider, SPD Erfurt: Mit Ihnen sicher nicht!)

und am nächsten Tag winken Sie dieses Oligarchenpflegegesetz hier im Bundestag durch.

(Lachen des Abgeordneten Dr. h. c. Hans Michelbach (CDU/CSU))

Das bringt doch keiner mehr zusammen.

(Beifall bei der LINKEN sowie bei Abgeordneten des BÜNDNISSES 90/DIE GRÜNEN. Dr. h. c. Hans Michelbach, CDU/CSU: Sie sind doch im falschen Land! Gehen Sie doch mal ins Ausland! Volker Kauder, CDU/CSU: Der einzige Oligarch ist Oskar Lafontaine!)

Ich finde, wer der Konzentration derart riesiger Vermögen so tatenlos zuschaut, der sollte sich Sonntagsreden über Chancengleichheit und Gerechtigkeit auch sparen.

Ich muss noch eines sagen: Besondere Ignoranz gegenüber verfassungsmäßigen Grundsätzen muss man nun wirklich der CSU bescheinigen.

(Dr. h. c. Hans Michelbach, CDU/CSU: Oh!)

Die Erbschaftssteuer dient auch dem Zwecke, die Ansammlung von Riesenvermögen in den Händen Einzelner zu verhindern.

Kommt Ihnen das irgendwie bekannt vor, sehr geehrte Kolleginnen und Kollegen von der CSU? Schon mal irgendwo gehört?

(Dr. h. c. Hans Michelbach, CDU/CSU: Aus der bayerischen Verfassung! Das halten wir ein!)

Ja, das ist die bayerische Verfassung. Na, Sie wissen es doch sogar. Aber es scheint überhaupt keine Relevanz zu haben, dass die bayerische Regierung auf diese Verfassung ihren Amtseid geschworen hat.

(Max Straubinger, CDU/CSU: Da steht aber nichts von Enteignung drin!)

Gebrochene Eide scheinen Sie für eine politische Selbstverständlichkeit zu halten.

(Max Straubinger, CDU/CSU: In der bayerischen Verfassung steht nichts von Enteignung!)

Auch das ist ein Punkt, weshalb Sie sich nicht wundern müssen, dass die Menschen sich von so einer Politik abwenden.

(Beifall bei der LINKEN sowie bei Abgeordneten des BÜNDNISSES 90/DIE GRÜNEN)

Inzwischen hat die Ansammlung von Riesenvermögen in Deutschland Ausmaße angenommen, die mit einer Demokratie nicht mehr vereinbar sind. Gerade das Gesetz, das Sie hier durchwinken, ist ein lebendiger Beleg dafür. Das ist keine Reform, das ist eine Kapitulation vor der Macht und dem Einfluss steinreicher Firmenerben.

Die Linke wird auf jeden Fall ihren Anteil dazu beitragen, dieses Gesetz im Bundesrat zu stoppen. Wenn die Grünen das Gleiche tun, dann werden wir auch Erfolg haben. Ich hoffe sehr, dass es dazu kommt.

(Beifall bei der LINKEN sowie bei Abgeordneten des BÜNDNISSES 90/DIE GRÜNEN)

Rede von Sahra Wagenknecht in der Debatte des Bundestages vom 24.06.2016 über die Reform der Erbschaftssteuer